小学道德与法治课程教学研究

曹爱芹　著

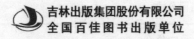
吉林出版集团股份有限公司
全国百佳图书出版单位

图书在版编目（CIP）数据

小学道德与法治课程教学研究 / 曹爱芹著. — 长春：
吉林出版集团股份有限公司，2020.12
ISBN 978-7-5581-9860-1

Ⅰ. ①小… Ⅱ. ①曹… Ⅲ. ①政治课－教学研究－小
学 Ⅳ. ①G623.102

中国版本图书馆 CIP 数据核字(2021)第 053047 号

XIAOXUE DAODE YU FAZHI KECHENG JIAOXUE YANJIU
小学道德与法治课程教学研究

作　　者/曹爱芹　著

出 版 人/姜伟东
责任编辑/朱子玉
封面设计/瑞天书刊
开　　本/710mm×1000mm　1/16
字　　数/122 千字
印　　张/8
印　　数/1—500 册
版　　次/2022 年 6 月第 1 版
印　　次/2022 年 6 月第 1 次印刷

出　　版/吉林出版集团股份有限公司
发　　行/吉林音像出版社有限责任公司
地　　址/吉林省长春市福祉大路5788号龙腾国际大厦A座
电　　话/0431-81629660
印　　刷/三河市嵩川印刷有限公司

ISBN 978-7-5581-9860-1　　定价/32.00 元

前　言

　　小学思想品德课经历了几十年的发展，通过课程内容的修改、课程目标的更新和教学方法的改革，在教育社会公民健康人格方面发挥了积极作用。随着时间的推移，特别是在中国共产党第十八次全国代表大会之后，坚持依法治国和以德治国已成为社会主义法治道路的突出特点。国家和社会的管理要求将法律和道德结合在一起发挥作用。为此，党的十八届四中全会明确指出："把法治教育纳入国民教育体系，从青少年抓起，在中小学设立法治知识课程。"

　　《道德与法治》课程的开设，符合新课改的精神和要求，是新时期学生行为习惯养成的重要一课。小学阶段由于小学生刚步入校园，是学生接触校园的萌芽时期，是其思想品质与行为举止初步成型的重要阶段，而《道德与法治》课正是培养学生优秀品质的重要课程。这门课程的教学不能仅停留在知识理论层面，还应与德育融合在一起，进而更好地塑造每一位小学生的优秀品质与美好心灵。

　　目前，《道德与法治》课教学得到了重视，学生面貌发生了根本性变化，但在传统教育观念、应试教育模式等因素的影响下，仍然存在诸多问题。比如《道德与法治》学科的育人功能仍然没有充分发挥，一定程度上说，"以德为先"的理念还停留在口号上，"教"与"学"仅仅服务于成绩、教学评价单一化，在一定程度上造成课堂教学效率低下。上述情况既影响着《道德与法治》课教学地有效开展，也制约着小学生思想品德和道德素质的养成和全面发展。小学生正处在身心迅速发展及参与学习和社会生活的关键时期，同时也是价值观形成的重要时期，此时迫切要求通过学校教育教学给予正确引导和有效帮助。如何解决学校《道德与法治》学科教学存在的问题，不断提高《道德与法治》课教学成效，更加充分发挥好其育人功能，促进孩子们健康成长和发展，是摆在研究者和教育者面前的一个极其重要的现实问题。

目　录

第一章　小学生道德法治教育

第一节　道德教育与法治教育的内涵

一、道德法治教育的内涵

道德法治教育是利用社会主义民主和法治的基本知识来教育和培训学生，提高他们的社会主义公民意识，宣传公民的基本权利和义务，遵守与日常生活密切相关的法律知识，培养自觉遵守法律的习惯。与"法治"和"法制"的区别一样，"法治教育"的范围大于"法制教育"。除了法律制度的静态意义之外，它还包括动态范围内的立法、执法、守法、司法以及法律监督等。司法和法律监督还包括宣传和教育，这也是对精神文明和高质量教育的一种认识。与对法治的理解不同的是，法治的概念也是一种经常被使用的表达形式。法治的概念是系统地理解法治的主观和客观组合，是由长期公共生活和工作实践的人形成的。

二、学校法治教育的内涵

在欧洲、美洲和其他地方，学校法律教育正在系统地发展，而在我国仍然处在萌芽状态。中国法律学校教育的现代定义：一是将法律教育纳入道德教育，二是将法治课程融入德育或思想政治教育过程，三是将法治教育纳入教学活动和实践的主流。教育部 2017 年发布的《中小学道德教育指导方针》（以下简称《方针》）更详细地描述了这一点，但值得一提的是：该课程的目的是培养和改善每个学生的法治意识、知法守法和依法治国的理念，并可以很容易地将这些转化为量化的教学方法和日常教学评价方法，这是法治教育、甚至是道德教育中最大和最普遍的问题。

第二节　小学生道德法治教育的途径

一、法治教育的途径

法律教育通常分为两类：一类是由学前教育到高等教育的全部学生所组成的学校群体，另一类就是走出校园生活在社会中的社会群体。学校群体中的法律教育是以学校的法律课程作为主要方法，家庭和社会环境的影响也是形成学校法律意识的一个重要部分。国家和媒体的宣传对社会群体的法治教育产生了重大影响，同时，这一影响也将影响家庭环境和社会环境，而且会在不知不觉中影响学校法治小组的知名度。但一般来讲，学校的法律课程，尤其是课堂教育，是最直观、最有效，也是最受欢迎和最有影响力的教育渠道，学校法律课程的有效性与教材和教学方法有着非常密切的联系。

二、小学生法治教育的实施途径

小学生法治教育的实施要依靠学校、家庭、社会三者的共同协作，学校的法治教育是这三者中的核心部分。《方针》明确规定了学校的道德教育方法，主要包括课程、文化、活动和实践等，对教育和教学进行量化是一项道德教育工作，也是一项实际的法律教育工作，是在教学中遇到的一个重要问题。然而，大多数学校往往无法开展多边法治活动，依然是以课堂为中心，教学内容不能离开基本指导原则，不能脱离教材。因此，本文在此基础上选择了法治教材作为本文的研究对象，以期能够从目前的法治教育材料中了解法治教育的情况。

第三节　小学生道德法治教育的意义

从社会的发展角度来看，学生是一个国家的未来，青少年是人们日常行为习惯和行为思维形成的重要时期。从学校的角度来看，小学不仅是儿童性格和价值观形成和发展的重要阶段，也是个人世界观和价值观发展的一个基本阶段。重要的是，周围的环境、国家和未来的社会都需要儿童从小培养正确的道德和对法治的认识。法治教育通过义务教育来实现，小学阶段很适合培养学生对法治的基本认识，而法治也是人类所共有的。

按照我国当前的国情，我们正面临着一个比较特殊的局面，无论是政治的、经济的还是外交的，又或者是军事的或信息爆炸的媒体时代，人们的思想都发生了根本性的变化。这一变化不仅包括被动吸收知识，而且还将对儿童的发展产生不利影响。因此，价值观教育和法治教育已成为社会中最重要的教育主题之一，在小学阶段形成基本的价值观念更为重要。

第二章　小学《道德与法治》课教学学理分析

第一节　《道德与法治》课程相关概念及其论述

一、从《思想品德》课到《道德与法治》课的变迁

目前我国小学都已开设《道德与法治》这堂课，2016 年 4 月 29 日，中国教育部制定了《2016 年中小学教学用书有关事项的通知》，该通知明确规定：从这一年开始，原本的《道德与生活》和《思想与品德》均改名为《道德与法治》。道德和法治包括两个关键词，这很容易理解，其概念也很明确。这一变化标志着学校教育的开始，所包括的法律知识将是课程的一个重要组成部分。

通过分析《道德与法治》教材，我们可以看到，学习材料中没有那么多简单的知识点和有趣的内容，每卷都有固定的学习主题，内容都是围绕这一学习主题设计的。初等教育的可接受性基本上是基于生活中的一些琐事，而这些生活中的琐事却更能够使学生们法律教育的知识水平获得提高。在实际的教学过程中，教师必须向学生解释法治，并帮助学生去认识和理解教科书中所提到的情况。老师在讲授时也应与学生们共同思考，并将学习从课堂扩展到课外，以从实践中积累到更多的经验。

从《思想品德》这个名称到《品德与生活》，再到如今的《道德与法治》，它不是单纯地改变了课程的名称，更是一种教育思想的进步和教育理念的提升，这也更加密切地整合了道德和法律，让学生能够更加清楚地了解应该做什么和不应该做什么，应该遵循什么，行动遵循的基本原则是什么。在具体

的学习过程中，希望我们的学校和教师能够利用这一契机，改变过去的教学和教育模式，利用较为新颖的教学方式，使法律知识真正被学生所掌握并吸收，使他们成为合格的公民。

二、《道德与法治》课程的核心理念

首先，与中央政府全面促进法治的战略地位一致。我们都知道，道德和法治是公共行政的稳定因素。法律教育和道德教育是相辅相成的，不能被忽视。根据现代公共行政的基本原则，加强法治有利于国家的复苏，法治的崩溃将导致国家的混乱。法治是国家可持续稳定发展和社会稳定进步的最有力保障，是中国特色社会主义事业取得成功的最有力支撑。

其次，遵循道德与法治教育从娃娃抓起的原则。每个孩子都是国家的花朵，是国家的未来和希望。生命的最佳开端，崇高理想的诞生，崇高情感的繁荣昌盛，以及良好习惯的培养，都是在童年。有洞察力的人认为，教育的核心不是分享知识，而是培养个性健康的人。在中华民族的历史长河中，一直有着许多优良传统，"孟母三迁""孔融让梨"和"曾子杀猪"等这些故事都是非常典型的例子。"只要功夫深铁杵磨成针""老吾老以及人之老，幼吾幼以及人之幼"等这些名言警句，教给孩子正确的人生观、世界观和价值观，让他们从幼年起就以孝悌忠信、礼义廉耻、勤俭耕读等为出发点去生活。然而，由于这一时期的影响，传统的美德被宣布为封闭资本，教育的性质已经被改变，变得混乱，个人社会价值观被歪曲，年轻人被不正确的历史观所毒害，被眼前的小恩小惠所迷住双眼，拜金主义、享乐主义甚为严重，甚至丧失了基本的羞耻感和惭愧感，做出的一些事情是不道德、没有良知的。子女不赡养父母，经常打架、斗殴、寻衅滋事，甚至年纪轻轻就沾染上黄赌毒等不良诱惑，这样做不仅伤害了他们的家庭，而且还使社会变得乌烟瘴气，给国家以及民族带来巨大的负面影响。

最后，符合全球学校道德教育的改革和时代的变化，促进社会主义核心价值观走进课堂和学生的思想中。新的道德和法治教科书的内容主要涉及知识点以及学习与实践能力之间的关系。先是总结知识点，然后根据技能和案例分析，促进小学生参与的积极性。最重要的是，通过把一定的情境融入现实生活中，让学生能够更直观地理解感受并解决日常问题，教科书的内容更加充实和有趣，里面相关的基本知识的编写和描述是正确的、合理的、科学的、符合学生认知水平和真实的情感的。

第二节　《道德与法治》课程教材的特点

我国小学中所提供的《道德与法治》教材在编写时考虑到了现实生活和学生的接受程度。这门课的学习主体是小学生，教材的内容也与他们的生活相符。在学习过程中，让小学生逐步形成积极思考和积极学习的概念，使他们获得独立的思维和更为正确的学习概念。

小学《道德与法治》教科书的主题设计是非常积极的，视角也各不相同。它面向的是小学生所能接触到的整个世界，教学内容更为广泛，内容从小学生的角度进行规划，将生活中一些很平常的事件引入教育中，并且将教学中的知识点用实践进行验证，这样生活和学习才能更加协调统一，学以致用。小学生可以通过对教材的学习，掌握对事情基本的分析方法，逐步适应社会规则的要求，并掌握基本的自我意识和自我控制能力。

《道德与法治》教材的编写，一般来说应该符合以下要求：

首先，它一定要接近小学生的现实生活，并且要源于小学生的日常生活，使学生很容易理解和掌握需要的知识点，并在生活中很好地践行，这是一个重要的方面。教科书的内容应尽可能少安排一些文字性的叙述，可以用图片代替。尤其是三年级以下的课本，一年级、二年级和三年级学生不会长时间与文字打交道，理解能力是非常有限的，所以，如果把教科书制作成绘本，对小学生更具吸引力，并能使他们对学习充满兴趣。

其次，教科书要符合中国的特点和传统文化，增加社会主义基本价值观的知识，并找到正确的表达方式。除了道德教育的内容外，道德和法治不能成为一种纯粹的理论课程，隐藏在生动场景和画面中的道德和法律知识外的情感态度价值观，能够使小学生更加富有学习的热情，对小学生的生活更具有指导意义。

再次，教学材料的设计与课程的编制一定要符合小学生的个人道德发展实际情况。在学习知识的过程中，需要留有一定的空间让学生来独立思考，既要将必要的道德知识通过适当的方式教给学生，也不能完全不留给他们进行道德能力自我塑造的空间，而是应该让学生通过不断地学习，一步步提高自己的个人道德品质和法治意识。

最后，考虑到小学生自主学习能力的不足，根据新课程改革的要求以及道德和法治课程的原则，我们必须把重点放在小学生的主动探究意识上。在学习过程中开展一些富有特色的教育活动、实践活动，方便学生在学习过程中通过思考，去掌握和应用知识。

因此，从《思想品德》课到《道德与生活》课，再到《道德与法治》课，这不仅仅是一种名称上的改变，更是教育思想、教育理念的进步和更新。这将更密切地整合道德和法律，让学生更加明白自己应该做什么和不应该做什么，应该遵循什么，行动的基本原则是什么。在具体的学习过程中，教师应该改变过去传统的的学习方式和教育教学模式，从学生的成长出发，使用更生动的教学方法，以使法律知识真正转化为学生的法律意识，使他们学法、知法、守法，成为合格公民。

第三节　《道德与法治》课程教学效果的经验与启示

一、《道德与法治》课程要为经济建设和社会发展服务

小学教育是教育者培养受教育者思想品德的活动，根本任务是立德树人。基础教育必须符合客观的社会发展规律，适应人们内心的变化，促使学生从不同角度理解规则和法律标准，可以辨别不良行为，培养积极正确的审美观、

价值观，这具有历史意义，在阶级社会表现为鲜明的阶级性。在社会的发展过程中，人们积累了一些道德守则，他们还必须依靠道德教育来实现世代相传，这就是为什么它也有某种继承性的原因。列宁曾经说过："青年教育追根究底是共产主义道德事业的培养"，可见小学教育在社会主义教育中的重要作用。我们党始终认为，教育的道德和法治是教育全面发展的重要组成部分，它被看作是实现学习目标的一个重要途径。在 21 世纪，注重和增强道德与法治教育有着更为深远的战略意义。我们知道，道德和法治是新时代物质建设和精神文明建设的重要条件。我国当前的根本任务是促进经济发展，加快建设现代化社会主义。要实现这两个目标，一方面要紧抓社会主义物质文明，另一方面要紧抓社会主义的精神文明，这两种文明是分不开的。

二、《道德与法治》课程要倡导人性化指导思想

近年来，各种媒体经常曝光一些学校学生受到不公平待遇的问题，引起激烈地辩论，如对学生实施体罚，在思想上对学生侮辱，不科学的教学方法引发学生的逆反心理等。在这些问题上，作为教师，必须首先完全明确教育的目的，即通过教育去实现人的价值，反映对人的生命价值的关心，使受教育的人可以实现智力和道德发展。教育要有开放且严谨的教学方针，还要有创新的教学思路，需要更深入地了解学生，根据学生的实际需要设计课程，使用人性化的教学方式。

第一，它必须根据受教育者（学生）的需要来定位。我国《道德与法治课程标准》明确要求："在教学中必须融入中国传统文化，充分尊重学生的发展规律，对学生的价值观、人生观和世界观提供指导，使学生能够直接应对困难，有团队合作观念，健康的人格和进取的精神"。新课程改革的主要变化是改变了以学科为本位和以知识为本位的做法，更加注重学生个人的差异，这一变化也为学校提供了对学生进行道德教育的权威性指导。

第二，建立和谐的师生关系，为人性化教育奠定基础。教育的双方分别是教师和学生，一个是教育人的人，另一个是受教育的人。在学习的过程中，

这两方应该处于平等的地位，互相学习，共同成长。在严肃的课堂上，学生往往不会主动思考问题，而在比较民主自由的班级里，学生们则更深刻地思考问题，大胆地表达自己的观点，并表现出自己的个性。因此，这就意味着，教师在对待学生时，不能以"权威"自居，不能搞"一言堂"，不能"偏心眼"，要与学生共同探讨学习的真理、与学生共同进步，营造教室里开放、坦诚的气氛，使学生能够直接表达他们内心的想法，积极学习，逐步培养学生的学习习惯。另外，学生是否喜欢道德与法治这门课，是否愿意参与道德与法治教育活动，很大一部分原因来自于教师的亲和力。这就要求教师要公平公正地对待每位学生，给学生表达自己意见的机会。如果教师能够关心学生，想学生所想，就会让学生觉得他们与教师的关系更加亲近，就会增强学生对学习的兴趣。为了实现这一目标，教师要对所有的学生一视同仁，不能以个人的好恶选择喜爱某些学生或厌恶某些学生，给予全体学生同样的关心和指导，同样的信赖和尊重，同样的鼓励和期望，会促进学生在各个方面全面发展。

第三，教科书中的知识要点应根据人性化的学习要求加以总结。教师是知识的传播者，是学生学习的榜样，是学生获得知识的重要来源。道德与法治要求教师要了解基本的教学要求，让更多的学生参与到学习的过程中来，通过教育让学生感受到人与人之间的关怀。因此，一方面，教师应当认真学习教学，了解教学内容的深刻含义；另一方面，他们必须根据学生的特点调整教学方法，一切从学生地实际发展需要出发，以人为本，立德树人。

三、《道德与法治》课要贴近生活、评析生活、有层次性

学校的道德与法治指出：学生的日常生活是学习的基础。现如今，几乎所有的学校仍然在使用传统的教育方式，即教师站在讲台上给学生传授知识。学校为学生安排集中的培训班，并要求学生背诵小学生守则。这种教育和活动方式早已经不符合学生目前的生活环境，传统的学校道德教育和社会高速发展的轨道难以平衡，是教育工作者目前所面临的难题。因此，现代研究方

法是对现代教育方法和教育内容进行的调整，以培养学生正确的道德和法律观点。从道德和法治教育方案来看，采取注重生活实践的教育战略是解决上述问题的良好方式。

首先，以生活为导向的学习战略要求学习内容从生活中汲取，要贴近学生的实际生活，使用真实的生活案例来激励学生进行思考。这样做可以有利于将道德培养和法治培养内化为学生的内在思维和思想。教师在课堂开始前可以做一些简单的调查，以了解学生是否已经掌握了一定程度的道德和法律知识，这也是下一步课堂教学的基础。

其次，以生活为导向的学习战略以生活经验为来源，使学生可以真正明白生活中的情感和真理，了解每个人的生活行为需要服从某些道德原则，并在正确的价值观下行事，其目的是为了个人和家庭的发展，寻求幸福的生活，从而增加整个社会的幸福指数。为实现这个目标，教师可在教育过程中酌情选择一些有代表性的现实事件或个人例子，并在心理层面加以分析，通过实例学生可以从自己的情感思维出发，从听取意见，进化到领悟真相。

最后，以生活为导向的学习战略应当使学生可以从生活中学习，并能评估和识别生活中发生的事情，能够理解道德与法治在生活中的作用、价值以及魅力，以便使《道德与法治》课程的教育影响力升华。在目前的教科书中，大多数生活范例都是由教科书的编辑人员删减或美化的，里面的事件和产生的教育意义往往更为理想化，但现实生活中的实际事件通常有着不确定因素或当事者的主观思维。因此，教师可以在教授教材的同时多引入一些现实中经常会发生的"困境"问题，创设实际情景，让学生有机会思考和评价，既能帮助学生提高他们的道德意识，也可以使课堂教学更加贴近现实生活。

简言之，小学教育不能脱离小学生的现实生活，必须与社会发展和生活密切相关。我们应该通过《道德与法治》课程的开展，为小学生提供一个了解社会和生活的新渠道。道德与法治课程的教师应当是学生人生道路的导师，他们应当采用生活化的教学方法，应该时刻关注孩子的思想变化，及时提供帮助，让学生过上有意义的生活。

第三章 小学《道德与法治》课教学现状及分析

第一节 《道德与法治》课教学现状调查的基本情况

　　章贡区是赣州市的主要城区，也是整个城市的政治、经济、文化、交通和信息中心。

　　目前，该区已有多所小学（其中有两所民办小学），大多数学校都有1～2所分校，如文清路小学、大公路一小、厚德路小学等。

　　此次调查的重点是针对赣州市章贡区中央城市地区目前的教学情况，通过问卷调查和现场访谈相结合进行的。调查分为三个层次，即学校行政领导对道德与法治课程的看法和概念、教师的教学能力和课程改革建议、学生对教学内容和教学方法的评价。此次共选择4所学校（分别为标记S1、S2、S3、S4）进行调查，学生调查选择4所学校中的3年级和5年级作为抽样群进行调查。

一、调查统计结果

　　此次调查向学生分发424份调查表，回收412份，有效调查表410份；向教师分发30份调查表，回收29份，其中25份是有效的。有效的答复率分别为99.5%和86.2%。具体情况如下：

表 3-1　学生样本基本情况

班级			人数				
			S1	S2	S3	S4	总计（人数）
年级	3 年级		52	56	56	61	225
	5 年级		66	65	56		187
性别	男	3 年级	28	32	27	30	117
		5 年级	32	35	28		95
	女	3 年级	24	24	29	31	108
		5 年级	34	30	28		92
是否独生子女	是	3 年级	38	36	40	32	146
		5 年级	48	46	34		128
	否	3 年级	14	20	16	29	79
		5 年级	18	19	22		59

表 3-2　教师样本基本情况

性别		学历			总计
男	女	本科	大专	中专	
3	22	14	10	1	25

本研究以赣州市章贡区中心区小学"道德与法治"课为研究对象，严格按照部颁标准进行组织和设立：每周 2 节课。课程的内部名称也根据课程档案的转换要求和时间要求进行了更改。在 2016 年秋开学时，最初的"品德与生活"改为"道德与法治"。

关于小学"道德与法治"标准和课程设置，对教师进行问卷调查的统计结果如下：

表 3-3　教师授课情况与学生学习效率

题项	A	B	C	D
您认为道德和法治课对学生的学习和成长是必要的吗	/	22	3	/
您重视对学生的学法进行指导吗	4	12	9	/
在教学中您是否比较看重与学生间的情感沟通与交流	2	13	10	/
您的学生在学习道德与法治课时的积极性有多高	/	5	14	6

　　从上表可以看出，大多数教师对他们所教的课程很满意。大多数教师基于对课程、教学方法和教育目标的理解，认为自己很重视课程，也符合课程的要求。例如，95.7%的教师认为道德与法治是一门非常重要的学科，69.6%的教师认为学生如何上好这门课更为重要，65.2%的教师更多地考虑与学生的情感交流，认为这可以更好地实现情感教育的目标。就教育影响而言，只有 21.7%的教师认为学生对道德与法治课非常感兴趣。比较前后的数据可以看出，《道德与法治》课程本身的教学效果不如预期效果好，还有一些问题存在。

　　在一些题目和选项中，我们也看到了教师在当前水平上的失败点，如下表所示：

表 3-4　教师对道德与法治课程的认识与教学现状

题项	选项	比例
您认为道德与法治课最重要的功能是	引导学生遵守基本行为准则	30.4%
您一直认为教师在学生心目中的形象是	知识权威	52.2%
您对计算机多媒体教学手段的应用	很少使用	34.8%
您在新授课时按照怎样的顺序编排教学内容	与教材保持一致	69.6%

　　根据表 3-4 显示，超过一半的教师将自己定义为知识传播的权威，这不符合道德与法治的课程标准的基本理念。他们只利用课程材料设计自己的教学活动，教育的进度与教学材料是完全一致的，但在某种程度上，这会忽视一些学生在这一课程中的理解程度和状态，这将导致形成后进生；一些教师

很少使用信息技术来帮助教学，这些教师在课堂上仍旧使用传统的板书或传统的阅读方法。上述这些概念都导致了道德与法治课程目前的教学效果低下，教学质量低下，并阻碍了课程的发展。

二、教学的基本情况

（一）教学形式灵活多样

根据调查可知，一些学校组织了许多有趣的学习活动，主题是"书香校园，成长之家，生活乐园"，以社会主义核心价值观为基本要求的"生活天堂"被学生给予了一致好评。道德教育气氛很强，活动多种多样，例如，有每日背诵一句名言警句，每周复习一首诗歌，每月阅读一本书，写读后感，每周一份手抄报；有每个班都有一个阅读角，每个学期都要进行一次美文阅读活动；有些学校通过开展一些常规活动，以促进社会主义价值观的宣传，从抓好校园纪律、抓好课堂纪律、抓好宿舍纪律入手，促进学生行为的规范，建立安全的校园环境，改变学生对学校的消极态度，与家长之间建立起一个学生心理问题的防火墙，通过这些活动为学生提供各种机会参与社会实践等。应该说，所有的学校都在思考如何教育不同性格的人，让他们的个性特长能够多样绽放。

（二）学校高度重视学科建设

根据中国学生基本素养的发展要求，章贡区教育局十分重视每门综合课程的建设，在深化课程改革的重要项目《小学生综合素质评价手册》里，从五个方面——思想道德、学业水平、身心健康、审美素养、个性特长来引导学生进行发展，这些都是学生自我发展的动力，特别是把"思想道德"放在第一位，它分为两个方面——"我知道"和"我做到"，这反映了知情意行的一致性，反映动态生成。在每个学期的毕业考试中，思维课也被列入综合性的主题评价书面测试。

（三）重视学科力量的配置

一方面，每个学校都有负责道德教育的副校长和顾问，在赣州市章贡区教育局也有专门的学科教研员和研究团队；另一方面，赣州市章贡区教育局继续加强并完善对思品教师的培育和专业指导。2016 年，该地区总共有 167 名教师参加了"道德与法治"全国一年级新教科书的视频培训。与此同时，在赣州市章贡区的教学研究部门也积极建立了第一个思政课程改革中心组，目前，课程改革中心小组有 31 名成员，平均每个学校有 1～2 名成员。课程改革中心小组经常组织课程培训、研讨会、优质课评选和观摩交流等活动，例如，每月开展两次的区域级教研活动，以及每周在学校开展一次的培训和教研活动。通过教学交流、专题讲座、公开课、示范课等形式研讨，不断提高教师的专业水准。章贡区教育局教育研究处十分重视思政课的设立和有效开展，这反映了在中央城区教育领先和文化领先的区位优势。

第二节　《道德与法治》课教学中存在的主要问题

通过研究分析以及与学校领导和其他相关人员的谈话，我们了解到，从 1999 年的《中共中央国务院关于深化教育改革和全面推进素质教育的决定》到 2001 年《国务院关于基础教育改革与发展的决定》为教育部制定的"基础教育课程改革计划"的诞生打下了坚实的基础。由于对课程标准进行了新的改革，我国小学的"道德与法治"不断受到重视。章贡地区显示，学校管理人员十分重视"道德与法治"课程的设计、课堂教学和教学方法的改进，还强化了评估学生学习能力、手段和方法的措施，积极促进教学材料和教学方法的改革。然而，4%的教师和 2.4%的学生仍然认为学校没有注重道德和法治的教学。5.1%的学生认为，"道德与法治"课程的教授对自己的品德不会产生什么影响。那么，为什么会出现这种情况呢？通过调查分析得知：在目前的教学环境中，小学道德与法治课的教学存在三个主要问题：

一、教学资源选择片面化，教学方法陈旧

虽然"道德与法治"课程是目前课程改革的热点，但意识形态和道德纲领仍然是在原有课程标准条件下制定的。学校通常每周只开设两节课，总共80分钟，此外，新版课程中知识点多、事迹多，这就迫使教师在教学中过多地使用教科书内容进行讲解，并在课堂上照本宣科。当老师讲述案例时，只是在读教科书上的内容，然后告诉学生这个案例中所传递的道理，在生活中应该遵循什么样的生活方式等等，像这样的叙事教学法往往使学生在学习中感到很无聊、很枯燥，教学效果可想而知。

教师有心想克服教科书中的制约，进行以生活为导向的研究并在课堂中展示有用的生活范例，组织多样化的教学活动，使学生能够动起来，享受"道德与法治"课程带来的好处，但只有80分钟的课堂时限使教师的思维能力被严重限制。在这样一个时间并不富裕的课堂上，教师可以传授给学生的知识和教学组织是非常有限的，这与道德和法治的概念有一定的冲突和矛盾，因此，学生无法完全理解和使用教材和教学内容。此外，一些教师依然囿于强制灌输的教学方法，还是单纯地传授课本知识，而很少使用新的信息媒体技术来帮助教学，难以达成预期的教育教学效果。

二、专职教师缺失，影响《道德与法治》课的优化选择

由于教师编制较紧，再加上受二胎政策影响，章贡区中心城区小学"道德与法治"的教师很多是身兼班主任或副班主任两个职位。有少数几所学校开设"道德与法治"课程并配有专职教师，除书记和校长有时兼职教课外，大多数人属于调岗性质，部分人是由于健康状况不佳或即将退休而被调职的，还有部分人是因为能力不达标无法胜任主科目教学而被学校"照顾"安排了课程，讲授"道德与法治"。"道德与法治"课程只是学校的一个综合科目（以前称之为除语数外的"副科"）。每个学校的"道德与法治"教师人数都低于班级的数目。

由于没有专职教师，因此道德与法治的课程不那么系统和专业。由于非全时教师同时有多个工作岗位，没有充裕的时间来研究课程和备课，所以他们中的大多数人都会选择现有的教学设计或将之前的思想品德课教案稍作改动来使用，遵循旧的思维方式，仅仅为了完成课堂教学任务而教，这样做大大降低了"道德与法治"课程的专业性和针对性。

三、新课程实施后，小学生各方面能力参差不齐，整体效果较差

根据新教科书的教学任务，小学道德和法治课程的总体目标分为四个领域：学生掌握基本生活技能和劳动技能，了解团队以及能够与其他同学合作，了解学校和社会环境的改变，体验学校生活的乐趣并且合理安排自己的生活和行为。在四项目标中，经过研究表明，后两项目标取得了更好的成果，毕竟学生们在学校里生活的时间较长，可以在第一时间就能了解学校里的一些行为。学校开展的所有教育活动，能够激发、培养学生对学习的兴趣，这样可以迅速实现道德教育和法治教育的目标。但前两个目标的实现结果并不是很好，一方面，大多数小学学生现在都是家里的掌上明珠，平日所有的衣食住行都有父母、祖父母大包大揽，他们自己并没有太多的机会做家务，而且有些学生自己本身也不想动手；另一方面，在学校教育中，所设置的学科很少有需要动手的，实践性教育活动很少去安排。虽然集体的合作学习的教育模式是当前转化方案战略的一个关键因素，但生活在现代家庭中的学生可能会受到影响。一天的校园生活结束后，学生们仍然需要返回自己的家中，并没有将校园中的合作学习纳入他们的生活。各种原因使得课程目标的实现出现了不平衡。

从学生反馈的结果来看，相比较而言，学生更多地是关注教科书的内容——"道德与法治"，而不是教师讲授的内容。随着社会地不断发展，小学生的自主权和独立意识有了很大的改善，他们希望有机会发表个人见解和意见。因此，当他们认为教科书的内容很无聊或者由教师直接教给他们真

相的时候，他们往往没有那么多的兴趣。如果老师的教学方法太死板了，只知道向全班传授知识，那么学生们会更加抵触这个学科。学生会认为，老师教的知识与现实生活有出入，"道德与法治"课程毫无用处，也不会明白能从这门课中学到什么。因此，改革中国的课程标准非常重要，调整后的教学资源比较广泛、有趣、符合学生生活实际，学生们才会更加喜欢。相反，小学生不喜欢"道德和法治"的教学，可能是因为在课堂上的教学太无聊和僵硬，这只是一个表达道德和法律知识的观念而已。

四、家长对《道德与法治》课程的认知度不高

自从"道德与法治"于 2016 年更名以来，已经过去两年多。然而，小学学生父母对这一课程的理解仍然是基于对思想和道德的理解。他们没有意识到改变课程名称和恢复课程的重要性。父母是学生的第一任教师，家庭教育是伴随着儿童的长期成长而产生的教育，家庭教育的效果会直接影响到学校教学的质量。在培养学生的道德和法治观念时，父母必须与学校站在一起，采用明确的教育方法和内容。但是，目前一些家长仍然坚持在学生中培养道德和法治的传统观念。他们认为，学生只需要"听话"，尊重老师，同学交朋友，过马路时注意信号灯，遵守纪律和规则就是好孩子，他们并不明白法律知识的细节和法治精神在"道德与法治"方面的重要性。在日常生活中，父母不会经常性地讨论这些问题，所以即便学生在学校学习后回到家的时候，看到父母也不会特别注意这些内容，因此学生也将不再对这门课感兴趣，引起重视。有些父母并不知道"道德与法治"的理念是全新的，他们认为这只是思想道德课的新名称。说到这个课程，他们仍然使用思想品德的称呼。这导致了父母与学校之间教育的不平衡、不一致，这种不平衡就会使些学生的学习效果不佳。

解决这种问题的根本原因在于父母与学校的教育和交流工作必须改进，形成家校合育。以前，父母的工作是由每一年级的班主任组织，通过家长会议、班级微信群，安排学生家长在自己的课堂上进行交流。负责班级的教师

多为语文、数学教师，因为要考虑班级整体的教育质量，工作内容广泛，很难兼顾到所有学科，这导致了在"道德与法治"课程教师与学生父母交流的时间很短，大多数学生父母不了解这门课也在情理之中。

第三节　《道德与法治》课存在问题的归因

一、学校对《道德与法治》教育课程的认识有待提高

虽然学校一直在增加对"道德与法治"课程的投入，但相对于其他"正科"来说重视程度依然不够，直接导致"道德与法治"课程不能遵守新课程标准的实施。课程设置不合理，课程授课时间太少，教学课本只用于教学，很少考虑课程开发和使用其他的教育教学方法；学校不能给学生足够的机会和条件，使他们能够从事社会活动；其结果是只有《道德与法治》这门课的教材变得更华丽，而实际的课堂内容并没有发生重大变化。

负责新课程的教师不完全了解新课程标准，缺少专业性地指导和培训，以至于在课堂上仍然对照着课本传授知识，非常枯燥。在课外活动之后，人们仍在关注知识和思想的传播，并没有重视改变学生的认知能力和情感态度价值观。

此外，对学生的管理和评价也有很大的片面性。道德教育只是一种片面的批评和对学生的表扬，在发现学生问题后只是单纯地为了解决问题，而不是及时掌握学生在时间上的思维和心理状态的动态，以及在问题出现之前如何预防的问题。在学生评价中，学习成绩仍然是衡量一个学生学习好坏的主要标志，甚至是一个唯一的标准。在调查中发现，许多学校并没有充分考虑德智体美劳教育全面发展的所有方面。例如，在评选"三个好学生""杰出的学生领袖"和"杰出的青少年先锋队"等过程中，很少有考量到学生德智体美劳的全面发展，选择过程中很少关注学生的思维能力和日常行为习惯，只关注最终结果。因此，虽然学生道德教育的重要性常常得到强调，但实际

上并没有在实际中引起关注和落实，学生的道德教育不能充分实现。如果继续下去，这将不可避免地对学校的教育管理产生不利影响，并无助于教育的总体发展和学生健康成长和全面发展。

二、师资力量不足，教师素养有待提高

首先，教师的人数过少和教师结构分配不合理，无论"道德与法治"课程是否为其他教师所兼任或者是一名教师所带班级数量太多，"道德和法治"课程的质量和效力都将受到影响。有些教师缺乏专业培训，他们只会跟随文本或在课堂上发表自己的见解，这样做很难调动起学生对学习的兴趣，甚至会误导学生，与教育目标相差甚远。由于教师教的课程太多，他们不能照顾到每一位学生，及时关注到每一位学生的思想变化，无法为学生提供有针对性的和个人的指导，影响到课堂学习的效率，影响到育人效果的科学评估。

其次，教授《道德与法治》课程的教师少有机会接受意识形态和专项政治教育或培训，因此迫切需要提高教师的专业素养。教师面临的问题包括专业教育水平低、年龄结构不合理、缺乏专业能力和领导能力等。无论是方法还是思想都不能跟上课程改革的步伐，这将导致《道德和法治》无法采用新的课程标准。由于教师本身的条件限制，教师很难正确理解和掌握新的课程标准并精心研究《道德与法治》的新思想和新教学思路。道德与法治教育研讨会很少在教师中举行，缺乏交流和学习平台，没有一个国家能够确保《道德和法治》课程的高质量发展和高效性实践。

同时，教师自身的知识储备和素质水平也会对学生产生一定的影响。最好是能够有教师自己或中学生自身的一些实例来讲授，而不只是教授"道德与法治"课程。组织好课堂学习，也有必要让所有的老师都能注意自己日常的言行举止的示范性，为学生做好榜样。然而，大部分教师经常使用简单而粗暴的方法来解决学生的问题，往往一味地批评和教育学生，不能使学生形成内在的道德意识和品质，也就无法实现教育的根本目的。

立德树人不是单方面的事情。只有当所有的教育工作者和家长都非常重

视道德教育时，他们才会把"道德至上"视为一种可能性。只有对自己提出严格要求，不断提高自身综合素质，才能给学生以身作则，为学生创造良好的学习和成长环境，促进学生的全面发展。

三、法治教育定位不明确，教学管理模式不科学

目前小学的道德与法治课程还没有具体的目的、任务和地位，因此许多学校都没有重视该门课程。此外，学校和家庭教育之间也没有有效地统一协调，因此，立德树人的教育最终的效果是不理想的。学生在学校受到的限制很多，许多家庭不了解其子女教育的科学性、有效性和家长自身的责任，他们认为对儿童教育只是学校的问题，单是学校的责任，这种想法造成了家庭教育和学校教育之间的差距和分离。一些已完成学业但尚未工作的青少年离开了学校，流浪于社会，家庭也很少向他们再提供教育，处于无人监管的散漫状态，那么这时的法律教育对他们来说成为空洞。这些孩子的法治意识的缺乏和自我保护能力相当贫乏，极易误入歧途和受到不法侵害。调查得知在中国的许多小学中，《道德与法治》基本上所有教师都是兼职工作，也就是说他们会同时教中文、数学和道德与法治课程；有些学校甚至没有专职的道德和法治教师，由一名班主任简单取代；学习时间不是固定的，可以占用自习时间，也可以在体育课或音乐课上占用少部分时间，通常无法上满一个课时，老师只是简单地解释了对教科书的了解；目前还缺少一套统一的培训教材，课程标准也急需要更新和改进，这使得学校的《道德和法治》课程在小学还是流于一个简单的形式化，与实际要达成的教育目标相差太多。

第四章　小学《道德与法治》课教学效果提升策略

第一节　优化课程资源，提高教师素养

一、掌握教材知识联系

在讲授"道德与法治"课程之前，教师应仔细阅读教材，特别是要将不同的知识层联系起来，将课堂教育与课外教育结合起来，让学生学以致用，正确理解和运用学到的知识。学生应在正式上课前做好充分准备，包括寻找教育材料，从现实生活中找到生活中遇到的一些小例子等等。在实际教学中可以应用基于经验的教学方法，为了鼓励学生参加小组讨论或集体讨论或情景游戏，教师可以让学生们通过图片或文字来表达他们的个人感情，并公开展示学生作品，丰富教材内容，培养学生的创造力。

二、充分发挥课外资源作用

学校生活有一定的局限性，远不如社会教育来的更加广泛。因此，《道德与法治》的教材只是教学内容的一部分。学生需要在社会课堂上进行更深入地学习，这就要求我们在现实中改进新的教学方法，改变传统的教学模式，提高学生学习的真实感。

（1）请学生检验他们在生活中所学到的知识。当学生们感觉到在课堂上

学到的知识对生活有实际影响或可在生活中加以检验时，他们会更加能够理解知识的深层含义，更好地内化为个人意识并有意识地调整自己的个人行为。

（2）加强非课程学习。与有限的教材相比，校外知识更受欢迎。教师可以督促学生在学习过程中收集时政或社会新闻信息，可以通过互联网和报纸收集和整理信息，然后解释主题，一起进行学习。所以，没有一直不变的学习方法，教学也不应仅局限在课堂内，教师完全可以增加学生课外生活的教育空间。教师带领学生到社会大课堂中充分学习，老师首先自己应该知道如何使用生活中的知识，对所有可见的学习资源必须进行整合，以适应学生实际学习的需要，并取得良好的学习效果。

三、保证理论知识的生活化

随着课程改革不断地发展，道德和法治教育必须以学生的现有知识和经验为基础进行推进。因此，在设置课程后，教师应不断改进课堂教学，将有效的教育知识与生活相结合，确保课程的完整性、有效性。教育是现实的，教师在开始上课之前，必须超前备课，充分考虑学生的身心发育规律和认知水平。从学生在这一阶段的生活经历开始，确保教育的相关性，并从学生的角度，专注于发展教学经验和减少说教教育。可以说，只有真正结合生活知识和教学材料，才能发展学生的全面能力，满足学生的学习需要，使教育的质量获得提高。例如，当学生学习《我是小学生啦》这一课时，教师可以从学生的实际学习情况开始，将学生的学习需求和领导能力结合起来，并组织学生开展相关活动。

第二节 及时更新教育理念，帮助学生实现有效学习

简言之，新课程改革的要求是从课程开始，充分考虑现实，鼓励学生采取行动，创建情境，把课堂从学校提升到社会，在生活中学习，在学习中生

活，用学习去理解生活，积累生活的考验就是学习。对老师来说，这样就是把生活融入课堂内容，更好地激发学生的潜能，使整个班级充满活力。

一、建立真实情境，激发学生学习潜能

毕竟，在课堂上学习是不能代替现实生活的，但在课堂上的学习能够创建现实生活的情景。在课堂上，教师可以创造一个真实的场景，吸引学生参加，使用语言描述和一些教学工具，使学生能够思考其中的情况。例如，在"表扬和奖励"课堂上，可以设置脚本：有一个曾经在某一特定报纸当记者的人，在写一个特定的报告。最后，他在结尾处写了几句真诚的话，这些简单而真诚的话震撼了小偷，这个小偷以高超的手段犯下了多次罪行，却没有被发现，现在却因记者的话就此改邪归正。学习任务是让学生思考，作家到底写了什么，是什么样的话语能使小偷这样感动。因此，一方面，让学生懂得如何真诚地赞美和感谢他人；另一方面，让学生们感受到别人的感激和认可，这是能够震撼人的心灵的事情。这种情况主要是为了恢复教室的气氛，使学生在主题明显的情况下，根据情景认真仔细地思考，这就是课堂离不开生活和生活离不开课堂。

二、拓展生活课堂、提高实践能力

在初级教育中，道德教育和法治教育必须改变强迫性思维的教学方式，为了使学生可以以自己的方式积极参与，积极思考问题，在思维中创造积极的价值观和世界观，课堂学习必须以生活为基础，用简单的语言来总结生活中的真理；同时，课堂学习不能脱离现实生活。例如，在讲解"情绪能够调整"这一内容时，可以给每个学生送一张幸福的明信片，当他们沮丧，请他看看幸福的明信片，放松他们的情绪；当他们快乐的时候，打开一个幸福的明信片，把自己的快乐加进这张卡片中。课堂教学应当是包容和开放的，学生应该是自己主动去参与，而不是被强迫参加。

三、转变教育理念，转被动学习为主动

对教师来说，必须清楚地认识到，帮助学生学会学习比单纯传授知识要好。只有让学生学会正确的学习方法，他们才可以帮助教师及时改进教育和思考，让学生更有效地参与学习。因此，在小学的"道德和法治"教育中，教师必须认清帮助学生掌握理论知识是非常重要的，为提高学生的整体素质和水平奠定基础，更要帮助学生掌握自主发展的学习方法和技能，养成良好的学习习惯。教师还必须在小学"道德与法治"课上及时更新教育课程，使学生有足够的空间积极参与，不只限于课堂上的时间。但也必须清楚，我们小学在教授和教育"道德与法治"方面也有一定的困难，只有当学生能够很好地理解这些知识时，他们才可以做到这一点，他们才可以更好地整合知识，实现他们理想的教育目标。

第三节　优化教学方法，转变学生学习方式

为了加强小学道德和法治课程的建设，为了实现交换教育的目标，教师应全面了解学生在这一阶段的失败和成就，积极支持创新教学方法，优化教学结构，鼓励学生积极主动地学习和创造。对小学生来说，在学习过程中积累知识是至关重要的，只有让学生积极参与学习，他们才可能愿意积极探究，继续激发学习的兴趣和活力，提高学生学习和解决问题的能力。在这方面，教学留白被提了出来，并已成为一个最有效的学习方法。根据这一教学方法，教师不再将太多的知识传授给学生，而是给他们足够的思考和实践空间，鼓励学生自己主动积极地学习，提高学生探究知识的欲望和需求，让学生能够学以致用。这种教学设计方法在小学"道德与法治"教学中的使用，可以有效地提高课堂效率，有助于提高教学的质量。学生通过自己的想象力去思考问题，摆脱传统的思维方式，培养良好的学习技能，找到科学的答案，提高学习效果，并形成正确的思想价值观。

一、让学生成为课堂主角

在教学中最重要的角色，学习的主体，就是学生。学生是课堂的主人，课堂应该是学生展示自己的舞台，课堂应该要以学生为主。教师是指导和引导学生的人，而不是课堂上的主角。课堂学习应始终以学生为主角，围绕着学生进行，使学生能够主动思考和参与，课堂上教师应该用一种尊重、温和平等、的态度对学生负责。比如，在及时了解"我爱爸爸妈妈"的内容时，老师可以和学生们一起总结，感受爸爸妈妈对自己的爱，以及他们对爸爸妈妈的爱，鼓励学生在真实生活的细节中、小事中找到爱。教师必须确认学生的主体地位，在自由、民主、平等的课堂氛围下与学生进行友好地交流。

二、鼓励学生大胆尝试

教师有时会担心，怕自己对于细节方面的讲解使学生理解不了。对此，教师必须相信学生的学习、理解能力，以便学生能够积极学习和掌握教科书中的内容。学生们将利用自己的学习方法进行学习和实践，积极进行研究。当然，可能会很难对学生进行跟踪调查，或者学生可能在最后的学习效果不佳。但学生在学习过程中学生会学到很多的知识，而这些事情，他们却不一定能在平常的书本中学到。如果老师继续强迫学生学习，学生会认为这是"老师让我学"和"家长让我学"，而不是"我想学"。教师教学中鼓励学生参与，让学生自己找到答案，让学生明白"我需要学什么"。

三、鼓励学生发现问题、提出问题

孔子曰：学贵有疑，小疑则小进，大疑则大进。这意味着在学习中最重要的是敢于质疑，敢于提出问题。小问题解决后可能会有小的进展，而大问题解决后可能会有更大的进展。一般来说，这就是鼓励学生主动发现问题，提出问题并找到解决的办法，学生的问题也正是教师教学的出发点。所以，教师应适当鼓励学生，使学生能够自己找到问题。例如，在"公共设施的维护"课上，老师可以举个例子：有个孩子去公园玩耍，他在公园的座椅上乱踩乱跳，他把他的个人物品随意扔在河中的船上，他随意敲打健身器材。让学生们积极思考："我们生活中的公共设施都有哪些？""这些公共设施的特点是什么？""我们应该如何对待公共设施？""如果我们不爱护公共设施，后果是什么？"将学生分成几个小组，每一个小组对问题进行讨论，并在讨论过程中了解公共设施，养成"爱护公共设施"的习惯，在生活中自觉践行。

第四节　坚持以人为本思想，创建和谐教学氛围

一、突出学生为主题，促进学生全面发展

首先，在现代教育概念方面，必须着重强调学生的主体地位，因此，教师必须解释学生在教育过程中的地位和重要性，并真诚地强调学生的主观能动性，增加学生的情绪经验，帮助学生树立良好的世界观、人生观和价值观。所以老师要及时更新自己的思想，正确理解自己的地位，加强学生和教师之间的沟通，提高学生的学习热情，建立民主、平等、和谐的师生关系。

其次，教学中我们必须确保学习的进步和目标的合理性。在课堂上我们还应该了解学生学习的状态和学习的方法，以及科学和有效的教学方法，为学生创造一个良好的学习环境。如果学生的兴趣没有很高涨，教师必须及时分析学生产生这一状况的原因和问题。与此同时，教师还必须明确表明自己的立场，使学生在课堂上有一个愉快的情绪，并提高他们的学习热情。在制定新的课程改革时，我们必须及时调整道德和法治教育理念，建立一种合理的教学模式，根据对学生现实学习环境的分析，不断更新教学思路，制定一个有针对性的教学战略，实现教学环节的优化和创新，提高课堂学习的质量，满足学生发展的需求。

最后，教学过程中，教师还应当积极分析教学内容和目的，及时转变自

己的思想和调整自己的教学行为表现,考察各种可能会影响学生成果的因素,做好各种教学准备,提高课堂的质量,满足学生的个体发展的需要。

二、重视引导学生的体验探究

皮亚杰是认知心理学领域的一位代表,他指出,当儿童与行为或做法等道德环境有一定的互动时,儿童的道德标准将得到改善和增强。新教材"道德与法治"与学生的生活联系密切,引进了新的方法,如研究、访谈、角色扮演和讨论等。这种变化也更好地反映了"实践创新"的基本理念。因此,我们的教育必须以学生的"学习活动"为基础,每个活动的定位必须以全体学生的最大参与度为基础。在课堂上,学生们可以通过交流和课堂讨论,全面自我学习和理解,提出问题,并体验知识的发现和验证过程,最终解决问题。学生与生活环境有着紧密的联系,有着不同的感受,学生通过学习不同的知识,逐渐获得不同经验,个人的理解也会不断升华,达到预期的学习目标。

三、立足实际,积极推行教学生活化

教学内容是日常生活的一部分,要求教师充分接触学生的生活。学习品德,强调行动。在课堂上,老师要教会和引导学生,从我做起,从小事做起。在实践中,感受到了良好道德给别人带来的幸福感和它带给自己的责任感。如果脱离学生的实际,教师的教学就失去了基础意义。因此,教师必须根据课程标准的不同规定来制定课程和课程计划。同时,教师组织的教学活动不仅应以学生的生活为基础,而且还应超越学生的生活,让学生接受正确的价值观。教师必须能够根据学生的实际生活,找到和学习具有教育价值的研究课题,帮助学生开展有意义的活动。提供实质性和实际的课程,使学生能够积极参加课堂活动,在生活中体验学习,提高品格,保持良好习惯,形成正确的思维和观念。

第五章 小学《道德与法治》课程资源的开发与利用

第一节 《道德与法治》课程资源开发与利用的重要性

作为一门综合课程，小学的"道德和法治"具有重要的作用，它能增强学生应该具有良好的道德观念和法治意识，弘扬社会主义核心价值观。正确理解课程资源的概念和理论基础，对课程资源的开发和使用之间的关系的合理理解以及对课程资源的价值的解释，对于有效发展和提高教学质量至关重要。

一、课程资源的概念及开发与利用的理论依据

（一）课程资源的概念

课程资源是指课程中各种因素和条件的结合。这是每门课和整个课程客观存在的基础条件。根据课程分类的各种标准，我们可以将课程分为课程的内外资源、自然资源、社会课程资源、文本资源、材料资源、活动资源和信息资源、明确的课程资源和无形的课程资源。它具有可能性、特异性和多样性的特点。

小学"伦理与法治"课程资源是指可以用于小学伦理与法治课程设计与实施的资源，它能真正进入德育和法治教育的现场，与教学活动密切相关，包括课堂内外教学、校内外社会教学等。这些都是有助于提高学生道德和法

治能力的各种资源。小学阶段的《道德与法治》课程资源具有开放性、生命性、多样性和完整性的特点，课程资源的开发和利用可以丰富教学的基本内容，进一步促进小学生良好道德观念和法律意识的形成，实现教学效率的提高。

（二）课程资源开发与利用的理论依据

1.新一轮基础教育课程改革理论

2011 年，教育部出台的《基础教育课程改革纲要（试行）》明确规定，要积极开发校内外不同课程，合理利用和支持课程改革。课程的变革必须得到课程资源的大力支持，否则很难实现真正的转化成功。

2.课程与教学论

一般来说，课程是一种基本的教育体验，许多因素对课程都产生积极的影响。教学基本上是教师和学生之间的一种特殊互动，其目的是通过对话，在文化知识领域继承和创新；教学活动就是向学生传授可能对学生产生积极影响的各种因素的过程。在这一学习过程中，我们需要调动各种因素，这些因素将有助于该课程丰富教学活动，因为这些因素对主体有积极影响。可以看到，教学活动的顺利发展应该有丰富的教学资源来做保障。课程若想得到顺利实施，需要我们不断开发各种资源，丰富和充实课程内容。

3.教育心理学理论

知名儿童心理学家的认知发展论，将儿童群体的认知阶段分为四步，每一步都有调整程序和吸收的过程，这个过程要求我们在教学中必须发展和利用足够的适合学生认知发展阶段特点的教学活动。奥苏贝尔的有意义地接受学习理论指出，学生在学习过程中，应该能够在发展的环境中接受教育。这也要求我们发展一种有助于学生在教学过程中学习的合乎逻辑和有能力的教育，使学生能够积极参与。人本教育精神理论要求我们从人的角度来制定和利用课程资源，重视与生活密切相关的资源开发，为学生创造健康快乐的教育环境。

（三）课程资源开发与利用的关系

课程资源的开发和利用是相辅相成的。没有课程资源的开发，就无法讨论课程资源的利用问题；开发是存在的前提，使用是开发的目标。事实上，所谓"道德与法治"的发展意味着找到一切可以进入课程的东西，以及与该课程教学活动密切相关的资源，充分利用已经发掘的培训资源，使这些资源在实际培训活动中发挥作用。包括对原有资源的培训课程进行重组，创新利用现有资源，综合利用未来和现有资源。

在制定和使用"道德和法治"课程资源的实践中，我们看到：课程资源的开发与培课程资源的有效利用是分不开的，课程资源的使用也取决于更明智和更有创造性的发展。课程资源的开发和使用过程中的"道德与法治"密切相关。课程资源开发的过程还包括特定用途，在使用过程中将进一步开发课程资源。课程资源的开发和使用之间的协同作用，有助于为道德和法治课程提供高质量的资源，在课程资源的使用过程中也能促进课程资源的进一步开发和丰富。对现有资源进行创新，使课程资源的开发与利用与时俱进，才能更好地理解"道德与法治"课程资源。正确认识和把握课程资源开发与利用的关系，才能更好地推进课程改革，促进德育活动的有效开展。

二、小学《道德与法治》课程资源开发与利用的意义

课程工具是保证新课程实施的重要手段，新课程的实施离不开课程资源地开发和使用，尤其是在小学道德与法治课程的教学活动中，要求教师设计出多种多样的教育活动和开发丰富的课程资源。这有助于学生学习积极性的培养，激发学生提高学习的兴趣，这就是为什么丰富的学习资源对课程的制定非常重要的原因。制定和使用课程资源可丰富小学的道德和法治教育内容，促进新课程的开设、实施，鼓励教师提高学生的专业精神和对道德和法治课程的认识；同时，它可以更好地贯彻落实国家对青少年道德与法治教育的要求，并有助于课程改革的推动和落实。

（一）有利于推动道德与法治课程教学的实施

"道德与法治"是一门新生的课程，尽管它继承了道德教育领域之前的概念，但为了加强小学法治教育，在新课程中增加了新的德育内容。同时在道德教育过程中也增加了新的课程内容，深入进行法治教育，弘扬社会主义的基本价值观，使学生从小就能够懂得自我约束，养成良好的道德品质和行为习惯，培养学生的诚实感、规则感和正义感。按照"我的家庭、学校、社会、国家、世界"的规则，《道德与法治》课程界定了"我的健康成长""我的家庭生活""我们的学校生活""我们的社会和公共生活""我们国家的生活""我们生活的共同世界"六个方面，这些都是以小学生的身体成长和生活知识的逐步扩展而组织起来的。小学每一个年龄段的学生都有自己独特的认识水平，因此我们必须开发合适的教学资源，根据学生的心理特征开发适合小学每一阶段的教学资源，帮助小学生更好地适应学习环境并接受课程内容。同时，我们必须考虑到学校和社会的不同情况，以现实为基础，并根据当地情况来开发可利用的教学材料。道德与法治课程一定要改变传统的以德育为基础的传统教学方法，把德育与法治教育有机地结合起来，使学生能够在丰富的教育环境和教学活动中感受到道德和法治精神的力量。因此，要鼓励学校和教师开发利用多种促进德育、法治教育的教育资源，进一步丰富课程内容，促进道德和法治课程的发展。

（二）有利于提升道德与法治教师的专业素养

在课程资源的制定和使用中，教师不仅可以提高自身的道德、法律知识水平，而且可以促进自身的专业发展，从而提高自身的教学能力和教育水平。首先，小学教育中"道德与法治"的目标是针对那些道德和法治知识有限的儿童。作为一名道德与法治教师，必须了解小学生的成长阶段和身心发展规律。小学阶段，榜样的力量是巨大的。首先，教师要有良好的行为举止和法治意识，以身作则，从自己做起，在日常生活中观察自己的言行，不断提高个人素质，给小学生一个好榜样。其次，在编写教材之前，道德和法治教师应深入学习和研究道德和法治课程，应熟悉道德和法治课程的性质和特点，以及教育和教学要求，并且要具有很高的知识水平。同时，教师不仅要清楚地了解课堂教学，及时地开发课堂动态资源，而且要善于发现潜在的学习机会，在学生生活中学习资源和善于沟通，这就对教师队伍建设、专业技能和个人特点提出了更高的要求，要求教师更好地了解教学材料和课程制度，增加稳定知识，提高稳定能力。第三，学生档案类型不是教师自己的活动。在这个过程中，教师从一个简单的授业者转变为一个与学生一起学习的参与者。这一身份的转变帮助教师改变了角色意识，也帮助教师转了变教学方法，让教师提高自身的教学水平。最后，"道德与法治"这门课势不可挡。课程理念和课程类型要求教师进一步转变观念，提高对课程的理解，增加不断思考的能力，能够运用新的理念培养学生的创新意识，挖掘新的教学方法，发挥创造性与发展性等多种优势，同时教师也完成了自身的升华与课程的开发与利用，提高了自身的专业水平。

（三）有利于培养学生的道德意识和法治观念

学生是学习的主体，既受益于课程资源，也是课程资源开发的参与者。道德和法治教育方案的资源主要是以小学生日常生活课程的资源为基础的，并与各种资源相匹配，这些活动有助于小学生的身心发展。这些广泛和开放的教育资源可大大提高学生对道德和法治学科的兴趣。小学生受到自然生活环境的影响，能够增加他们的知识，并融入道德和法律教育的学习中，这将有助于他们获得更适当的经验和理解。《道德与法治》教育的目的是使儿童能够在道德和法律上有意识地生活。在编制课程资源的过程中，学生从知识学习者变为课程参与者，从而改变了小学生的学习方式，提高了学生参与学习和联合研究的能力。学生本身就是道德和法治课程活动的载体，根据新的课程概念，学生不仅参与了课程资源的开发，而且还参与了道德和法治的长远发展。在制定和利用课程资源的过程中，学生与教师、学生和学生地合作，继续加深他们的理解。道德和法治同时也在精心设计自己的道德和法治的认知体系。事实上，学生从非操作性的认识转变为积极的有经验的体验者和研究者。通过不断地参与和探索，学生逐渐认识到道德力量和法治精神，，不断提高道德意识和法治观念。

（四）支持深化小学德育课程改革

道德与法治课程结合了道德教育和法治教育，以满足当时的发展需要。在新时代推进社会主义核心价值观和发展社会主义建设者有什么意义？新课程的开设和新课程的运用，丰富了党的执政理念和教育实践的内容，也有助于促进道德和法治建设，提高道德和法治课程的水平，使学生不仅能够掌握良好的道德知识，培养道德意识，还可以体验法律的基本知识，提高法律意识，创造正义的理念。课程的开发和使用适应了新的课程转换要求，并为课程提供了最新和最实际的安排，保证了课程的顺利实施，使教学能更好地满足社会需求和学生的现实生活，有助于课程改革的顺利进行。

简言之，道德和法治课程资源的开发和使用，提高了道德与法治课程内容的主题性，推进了道德与法治课程的实施，提高了教师的专业素质，促进了学生的发展，推动了教育改革的创新。所有这些都产生了积极的影响，具有重大地历史意义和现实意义。

第二节 《道德与法治》课程资源开发与利用存在的问题及原因

教学课程资源是德育、法治教育的重要基础和保障。课程资源的开发和使用在丰富道德和法治教育内容和提高教育效率方面发挥了重要作用，这是有效地发展和充分开发课程资源的必要条件。要想对课程资源进行有效利用与开发，就必须全面研究和了解小学道德和法治课程目前的发展状况和现有资源的使用情况。

为此，我们查阅并分析了一些文献，也随机采访了一些师生。希望能更好地了解目前课程资源的开发和使用情况。在接受中小学教师和学生的访谈中，本文选择了聊城市的一所小学作为采访对象。本章主要探讨当前小学"道德与法治"课程资源利用中的问题现状，并分析其原因，使其合理化，为下一步提出明确的建议打下基础。

一、小学《道德与法治》课程资源开发与利用存在的主要问题

研究表明，开发和利用小学"道德与法治"课程资源的最大挑战是：教师缺乏对课程设计和使用资源的意识，学科没有得到重视并缺乏专业的师资力量，使得课程资源没有得到有效地使用。

（一）学科不受重视且缺乏专职教师队伍

按照现行的教育管理体制，课程设置没有改变考试的基本教学参数。考试成绩仍然是衡量教学好坏与否的主要标准，像语文、数学和英语，这种与考试成绩密切相关的科目，仍然受到学校和家长的高度关注。道德和法治课程处于教学系统的边缘，并没有得到高度认识和认真对待。因此，有些学校没有专职教师。教授道德和法治课程的教师大多是班主任或其他任课教师，或是退休或怀孕的教师。通过与教师的交流也证实了学校和教师没有重视道德和法治以及缺少教师的事实。

在与 C 教师进行谈话时他说："目前学校教师资源严重短缺，学校每学期都招聘代课教师作为替补教师，而且学校 90%以上都是女教师。现在，关于二胎的国家政策已经放宽，每个学期都有几名女教师休产假，在诸如语文、数学和英语等主要科目上，教师资源尚且短缺，更不用说《道德和法治》之类的小科目了。如果每个班都有一名道德和法治教师，那将是很好的。许多年轻的教师刚刚被雇用，他们中的大多数被分配到任教语数外基本的课程。"通过与 C 教师的交流，我们可以看到小学教育的现状，以及缺乏在道德和法治领域工作的教师。当与另一位年轻的 D 老师交谈时，D 老师说："现在，像我这样的年轻教师基本上被分配到主科以外的科目。我在大学学习的是思想政治教育，我想要当一名思想政治老师，但是当我被分配到学校的时候，

校长让我当一名语文老师，理由是没有思想政治老师的岗位。于是我在这个学校教了一年的语文。"从老师的讲述中，我们可以看出，由于缺乏对道德和法治这门课程的尊重，学校本身并没有让真正有经验的老师担任道德与法治课程，反而是让有些缺乏实质性专业知识的教师来担任道德与法治。在教育和培训系统中，小学"道德与法治"作为育人育心的一门重要课程，必须占据十分重要的地位。然而，在现实中，有关道德和法治的课程及其教师的地位却被严重的放低了。

（二）教师开发与利用课程资源的意识薄弱

教室里的课堂教学必须利用丰富的课程资源，没有课程资源，课堂将是乏味无聊的。课程资源在丰富教学内容和提高教学质量方面发挥了重要作用。小学课程改革的新方法包括开发和使用课程，学校和教师越来越重视课程资源的开发和使用，但在研究中发现，大多数教师仍然缺乏符合实际的道德和法治教育设计方案。对个人实际教学资源的开发和使用的认识和关注度较低，这与课程资源的开发和使用有关。他们认为，道德和法治课程编写的教科书和参考材料是有效的教材，我们对 A 和 B 老师的采访记录也可以证明这一点。

W：你通常如何准备道德与法治课？你觉得这个课程怎么样？

A：备课的基础是看教科书的主要内容，然后参考一下教参，自己教的学生太多了，每周只有一节课，如果准备的内容太多，学生们可能无法接受。简单来说，这一年的课还是比较容易上的。

W：你认为教科书在小学与以前的道德课程相比，改为道德和法治课程之后有没有发生很明显的变化？

A：嗯，有一些变化，其中一些是相对较新的，但我觉得，教育的根本任务是提高小学生的思想和道德素质，如果只是把法律简单地传授给小学生，他们理解法律的能力现在还受到一定的限制，所以这对小学生的健康成长是无益的。

对 A 老师的访谈数据分析表明，他对道德和法治课程的了解不够深入，课程知识理解不足。承认是以教材为整体，对学习人群发展的认识却相对薄弱。

另一位 B 教师的谈话记录也反映出该教师对教材开发和使用方面认识不足。访谈报告摘录如下：

W：你通常怎样讲授"道德与法治"的课程？

B：事实上，基本上都是让学生们利用教科书中学习知识，教科书中有短篇小说或插图，让学生们读一读，看一看，然后让学生们互动交流。

W：你是否考虑过开发和使用教科书以外的其他教材来丰富教学内容？例如，在互联网上查找适当的信息，并使用多媒体播放小视频或图像等等。

B：没错，有时我会查阅一些关于法律教育的信息，但我的时间和精力是有限的，我的主要任务是教语文，同时我也是这个班的班主任，通常很忙。我觉得教科书的内容现在已经足够进行道德和法治培训了。

从谈话中可以看出，B 教师的主要教学方式也是教科书，但是有时他在互联网上找到了相关的材料，并认为在完成教科书内容的基础上完成这一课程就足够了。

现在有些教师对课程以及课程的开发和使用缺乏足够的认知。教师主要使用教材进行教学，教科书只是可能作为非常重要的一个教学资源。教师作为教材开发的重要组成部分，如果不能正确理解教材的来源，不知道教材开发和使用的目的，这将直接影响道德与法治课程的实施，更不用说有效地设计和使用这些方案了，其课程改革的目标也将很难实现。

（三）现有课程资源没有得到有效利用

目前的教学技术在我们的教学活动中已经存在，但还没有得到充分的、创新地研究。有些课程资源不是全新的，导致现有的课程资源无法使用。

首先，作为最基本和最重要的学习资源，教科书确保了最根本和最原始的规律。教学材料的内容反映了教学计划和设计概念的最新要求。设计的许多活动案例、历史故事、图片等是我们可以利用的最重要的课程资源。然而，在与教师的谈话中发现，道德和法治教科书在实际的教学中并没有得到充分地利用，教师只是非常简单地解释书上的图片和故事，没有对教科书进行深入地研究，甚至不常使用教科书。没有以书中列举的例子为基础进行必要的补充和延伸，也没有为学生的思考和活动提供空间。在与学生的访谈中也证明了这一点。

W：在道德和法治的课堂上，老师是如何教你们的？

L：当我们遇到一些比较有名的句子时，老师通常会给我们解释句子的含义，有时还会让我们在课堂上朗读书中的绕口令。

Y：老师有时会及时给我们讲一些故事，希望我们能从中学习，也能从这些例子中获得经验，更好地学习。

W：你希望老师怎么教你们这门课？

L：我希望老师能给我们讲更多的故事，加上更多的视频，这样我就会觉得这节课有趣多了。

Y：我希望老师能让我们参与教学活动、互动表演、对教科书中的角色扮演，为了使内容更真实，同学们也都愿意参与。

其次，学校多媒体识别设备、教室和走廊以及各种图书馆的挂图，阅览室和其他资源目前尚未充分开发和使用。例如，充分教室中的多媒体设备搜集、整理的资料是道德与法治课程的好教材。教师可以使用这些设备为学生提供给能够测试和体验学校甚至教室中无法体验的活动资源。然而，道德和法治教师基本上都是年纪较大的教师，他们即将退休，大部分缺乏使用这些多媒体设备的技能，缺乏学习、使用新技术的热情而导致资源浪费，使多媒体无法发挥作用。有时，学校为评价或检查教学而设计和开发的许多高质量教学材料，在发展活动完成后没有得到进一步地有效利用和保存，这也造成了一定的资源浪费。

课程资源只有在真正的课程中完整地被利用，才能发挥出它的作用和价值。而在实际的课堂教学中，许多现有的教学资源不足，资源没也有得到充分利用，即使教材也处于无所作为的尴尬境地。

二、小学《道德与法治》课程资源开发与利用存在问题的原因

小学实行道德与法治课程的时间很短，也没有为教学方案增列新内容和为新标准提供适当的教学资源，所以在实施教学方案的早期阶段必然会出现一些问题。通过分析这些问题，找出问题的症结，进一步开发利用培训资源对我们来说是至关重要的。

（一）道德与法治课程在学校教学中的地位不高

课程在学校中的地位影响着课程的实施以及课程资源地开发和使用。学校作为教师参与教学活动的场所，应以不同的方式支持和鼓励教师。作为教学的重要组成部分，制定课程标准和利用教学资源，不仅需要学校的鼓励和支持，而且也需要依赖于学校制度进行系统的保证其实施，实现对教学资源地有效管理。目前存在的主要问题有：

第一，学校忽视了道德与法治课程在学校体系中的重要性。学校教育的目标是立德树人，以良好的方式、方法培育国家所需要的的社会公民。在现实教育中，学校应将道德和法治教育放在教学的重要位置，考虑到"成人培养"和"人才培养"之间的关系。同时强调学校教育的特点，将"育人"作为主要责任，把学生的品德教育放在首位，以德为首。然而，在实际的调查中，我们可以看到，学校对德育的重视还是不够，大多数学校仍然以语数外三大科为主修科目，并将其置于教学的首位。这些课程的成绩被当作学生和教师考核成绩的主要依据。这让小学道德和法治课程开始偏离教育系统，成为边缘课程。

第二，学校对道德和法治教师的重视和鼓励较少，对教师缺乏道德和法治课程方面的专业培训。在与教师的访谈中了解到，学校定期为教师提供语文、数学和英语等基本科目的培训，例如，英语教师每周有固定的学习和研究时间，每个月有两次学校的培训。在学校和上级部门，都会为年轻教师提供高质量的监测和培训机会，但是针对道德与法治课，学校却很少组织教师进行教研和专业方面的培训。此外，缺乏正规的教师培训也导致教师对道德

与法治课程专业知识的缺乏和专业教学技能的提高。当然，这与课程内容的变化有很大关系，许多新课程理念必须认真学习，以提高教师对新课程和新理念的认识。大多数学校教授道德与法治课程的教师专业技能不高，就更加导致了道德和法治教育相对较弱。

第三，学校缺乏适当的体制保障。学校可通过奖励机制来激励教师设计开发和利用课程资源，学校应该对课程资源的开发给予大力支持。首先，学校应该建立适当的保障制度，投入足够的资本，在物质方面为学校的教育质量创造条件。第二，必须建立适当的激励机制，以确保教师课程资源的开发能够主动地进行，鼓励教师开发和利用课程资源以丰富课堂教学。例如，学校组织的课堂评估活动中，评价教师培训方案的设计和资源使用是否有效，取决于学生在课堂上的参与和参与程度；同时，在评估观察时，教师可以相互学习，共同改进课程设计和使用的质量。在一次调查中，我们发现，许多学校并没有制定与课程开发和使用有关的制度。在这方面，我们还可以看到学校道德和法治资源在学校中的地位仍然不够被重视。

第四，学校缺乏对已有的教学资源的控制。教学资源的开发往往耗费教师大量的时间和精力，是教学的宝贵财富。课程资源是一种可以一直循环使用的资源。当教师使用同一个主题的资源时，可以再次对原有资源进行创造性地开发、丰富内容和添加新的想法。学校可以使用教师开发的这些课程开设精品课程，鼓励教师学习，提高资源的利用率。比如，对于校园文化资源和社会实践资源，学校应确保教师对这些资源能够进行分类汇总，建立起系统、高质量的课程资源培训体系。

（二）道德与法治教师自身的局限性

第一，教师缺乏对课程的整体设计和具体使用的研究。在课程中，教师作为课程的组织者和执行者，也是课程的开发者和使用者，以及负责大部分课程资源的开发和利用。教师的课程资源意识直接影响课程资源的开发和利用，也直接影响了课程资源的有效实施。在访谈中我们了解到，很多道德与法治课程的教师无法开发和利用课程资源，他们会感到手足无措。一方面，以教科书为基础的思维方式影响了传统的教育模式。唯一的课程资源就是教科书，教师都是教科书最忠实的执行者，他们经常忽略了课外的课程资源。另一方面，许多教师并不了解自己才是课程开发和使用的主要推动者，他们认为一些专家和教师才是开发和使用培训课程的主人，课程资源的开发应该是教育部门管理的问题，教师只是课程的实践者。正是这些思想在很大程度上影响了道德和法治课程的有效实施和此学科课程资源的积极开发和正确使用。

第二，教师缺乏制定和使用课程资源的意识和技能。作为课程资源开发和使用的主体，教师应具有丰富的专业知识和开发、利用资源的能力。作为一门综合课程，小学"道德与法治"拥有丰富多样的教学材料，包括道德和伦理知识以及法律和法规知识，这对教师在道德与法治教学方面提出了更高的要求。依法治国理念要求必须发展中小学法治教育，并将大量的法律教育内容纳入道德和伦理课程，这就要求教师在道德和法治方面具备丰富的法律知识，才能满足学生成长的需要，跟上时代发展的步伐。小学教育的道德和法治教育适应了小学生的认知水平，在道德教育和生活教育中引入了大量的法律教育，因此这要求教师提高自己的法律知识水平，运用自己的法律思维去发现进行法律教育的资源。如果老师的法律知识比较贫乏，对法律知识的了解有限，那可能无法在教学和生活过程中找到法治教育资源，有时还会故意避免传授不懂的法律知识，从而导致在教授道德和法治课程方面有所偏失，无法满足学生的需求，大大降低了道德与法制教育的效果。同时，在课程设置方面，教师开发和利用资源课程的能力也非常重要。在教师授课中，如果教师对课程的开发和利用没有一个清晰的地认识，就会不知道如何确定和选择课程。在实施培训计划时，如果教师不清楚应当开发和使用哪些培训计划资源，这就意味着课程资源不能合理开发，也无法得到有效利用，最终导致课程资源的浪费。

第三，教师缺乏开发和使用材料的热情。在谈话中，我们发现，一些同时担任"道德与法治"课的年轻教师认识到课程设置对于学生传统教育和法治教育规则的重要性，他们也非常希望在社会活动中开发利用更多的资源。

但由于时间和精力不足，这些教师并不是专业的道德法治教师，还要受到主要课程的压力，因此，这些教师没有时间考虑制定和开发这门课程。"道德和法治"是一个非常主观的科目，由于本课程无法量化教育和培训的结果，并不能作为衡量学生的学习成绩和教师的教学成果，致使部分教师认为这门课的教学无法使自己获得学校的肯定，这也在一定程度上阻碍了教师开发和利用"道德与法治"课程资源方面的热情。此外，学校和上级部门在制定和使用课程资源方面缺乏适当的激励机制，这也大大降低了教师的积极性。我们从对教师的谈话中也了解到，目前这所小学的道德法治教师大多是即将退休的教师，与年龄较小的教师相比他们更加缺乏开发和使用课程资源的热情。

（三）缺少社会环境的支持与配合

有效实施道德和法治课程与社会环境的支持和合作是不可分割的。社会环境是影响小学课程资源的开发和使用的相关因素之一，包括有关的社会机构、教育管理机构和教师和学校以外的其他因素。《道德与法治》教材中设置的我的家庭、社区（家乡）、学校等单元，都需要大量的社会实践活动资源，也需要得到社会的支持与配合。

首先，家庭成员缺乏合作。在和老师的谈话中，我们了解到学校有时会组织社会活动进行实践，但有些家长对这些活动并不感兴趣。比如，三年级《道德与法治》教材中教师引领学生讲授《我是家庭成员》这节课时，老师要求学生回家后，帮助父母尽其所能完成家务活，许多学生回答说，家长们并不支持这么做。一方面是孩子自己要完成的家庭作业，另一方面，父母担心自己的孩子会做不好，又害怕耽误孩子的学习。回家后，父母最关心的是他们在学校学到的东西和老师分配给他们的家庭作业。家长通常会督促他们及时做作业或者是为他们报名各种培训班，生怕自己的孩子跟不上学习进度。我们可以看到，没有家庭成员的支持与合作，道德和法治课程无法取得预期的效果。

其次，缺乏教育部门和相关社会政策机构支持。"道德与法治"课程是一个复杂的生活性课程，需要学生在社会生活大课堂中进行认识和学习。有时，教师在现实生活中，为了达到教学目标，必须将课堂搬到校外的地方，到社会中的一些机构如少年宫、博物馆、展览厅、图书馆、红色文化和教育中心，还有在平时都是不向学生免费开放的许多其他地方，教师们希望通过引导学生进入这些社会机构来进行适当的道德和法治教育学习。但是像这种机构学习一般都需要教育行政部门的批准和与相关机构的协调，出于对学生安全和其他问题的关注，大多数这些做法都没有得到支持和帮助。可以看到，课程资源的开发和使用不能够完全依赖学校和教师的力量，也需要教育部门和相关社会机构的大力支持与配合。

一般而言，在发展和使用"道德与法治"课程资源方面仍然存在许多挑战，这不仅是因为缺乏开发的意识，还与学科受到轻视以及缺乏专业的师资力量有关。因此，我们必须采取措施，改进适当的制度和机制，以发展和利用课程资源，并改进教育方案的设计和实施。

第三节　《道德与法治》课程资源开发与利用的方法策略

为了更好地开发和利用课程资源，我们必须首先遵守制定和使用课程的基本原则和要求。必须从提高道德研究和法治课程在教育中的地位入手，让教师充分发挥主导作用，整合课程资源，促进课程资源可持续使用的内容，促进道德和法治课程的开发和使用，帮助课程改革顺利进展。

一、小学《道德与法治》课程资源开发与利用的原则和要求

课程资源的制定和使用必须贯彻落实国家开展道德和法治教育的基本要求。以《青少年法治教育大纲》为依据，完成道德教育和立德树人的基本任务，在积极推进社会主义核心价值观的同时，根据"小学道德与生活"（社会）（2011版）教学大纲标准，遵循以提高小学生基本素养为基础的课程开发和使用资源的基本要求，确保小学生的道德和法律意识得到良好的培养，

全面提高道德法治教育质量和水平。

（一）小学《道德与法治》课程资源开发与利用的基本原则

小学道德和法治课程的性质要求我们在开发和使用资源时遵守开放性、生命性和主动性的基本原则。

首先，小学发展和使用"道德与法治"教育资源，要求我们遵守开放性原则。小学的道德和法治是一门比较开放的课程，这意味着道德和法治教育不只限于课堂教学，它还应面向生活和社会，采用不同的教育教学方法，并以不同的方式开发和使用课程资源。例如，在教授二年级课本中的"我们生活的地方"一节时，教师可以要求学生调查并展示自己家乡山水风景、物产种类。根据教科书的要求，通过讨论和交流，了解家乡的特点，感受家乡多年来的变化；另一方面，也可以帮助学生了解和熟悉我们生活的学校、我们生活的城市，感受它们的发展变化；同时，我们可以使用其他的学习方法，如现场访问和视频观看等。因此，从课程资源的开放性的角度来看，与社会生活中的道德和法治有关的所有资源，在学校课程的学习中都能纳入道德教育及法治教育，这为我们开发和利用道德和法治资源提供了广泛地选择机会。

其次，小学《道德与法治》课程资源要求我们必须尊重生命，坚持生活化的原则。著名的教育家陶行知曾经说过"生活就是教育"。作为一个面向生活的课程，道德与法治教育来自于生活并高于生活，这就要求我们尽可能地找到生活中的课程资源，使用更贴近小学生的生活的资源来进行教学，让学生在每天生活的环境中感受到道德力量和法治力量，能够认识到自己与家庭、学校和社会之间的关系，在生活教育中提高道德意识和法治意识，做合格的社会公民。例如，在第三年级课本第二卷中的"道路安全与我"的学习时，我们可以用交通信号灯、交通标志等来学习，因为这些学生在生活中能够经常看到，更能说出这些现象背后的实际道理。通过学生对这些标志的理解和教师的指导，学生能够比较容易地了解道路安全常识和《道路安全法》的执行情况，养成遵守道路交通秩序的好习惯。

再次，小学道德和法治教育资源的开发和使用要求我们具备主动性的原则。一方面，作为课程开发和使用资源的主体，教师应提高对课程资源开发和使用的意识，不断提高教材开发利用的能力和水平，主动进行创造性地开发，与时俱进，更新自己的思想认识，寻求突破，不断丰富小学德育法治的课程资源。另一方面，小学生作为学习研究道德和法治的主体，要求我们根据学生的心理需求和认知能力，充分了解学生身心发展的规律来制定课程所需的资源，并注意科学、合理地使用课程资源。在资源的利用上，必须考虑到小学生的参与度，让小学生参与课程资源的选择和使用，这样可以让小学生从中真正感受到道德和法律的力量，培养他们的道德意识和法治意识。在制定和使用课程资源的过程中，教师必须把握好对资源的正确、有效地选择，明确教师的作为资源选择的主导地位，要以学生站在资源学习的中心、充分发挥学生的主体作用为原则，不断收集丰富的教材资源，整理成有效的。

（二）小学《道德与法治》课程资源开发与利用的基本要求

除了寻找相关资源的基本原则外，还必须遵循课程的基本理念。开发和利用课程资源，以课程理念为指导，提高小学生的综合能力，使课程的设计和资源的利用与目标相结合，并且使课程要求有助于提高学生的基本素养。

第一，遵循道德和法治学科的基本思想。道德和法治课程的基础是《道德与生活》（社会）（2011）版、《青少年法治教育大纲》，还有党和国家关于依法治国的规定，在中小学普及法治教育以及贯彻落实道德基本目标和要求、促进人的发展的规定；另一个重要基础是社会主义核心价值观。在小学，道德和法治仍然延续了以前的品德和社会生活的基本概念，但它又增加了新的法治观念，使这两种形式形成了一种新的伦理观、道德观和法治观。首先，道德与法治可以帮助学生参与社会生活，学会做人。课程的核心是引导学生的成长和形成社会主义的基本价值观。把法律的约束力、认识的本质与道德教育和精神的影响密切联系在一起，促使人的改进和提高，使参与社会、学会做人的公民素养教育可以有更多的实践内涵和目标。其次，道德与法治是小学生生命教育与社会化成长需要的基础，道德与法治必须贴近小学生的生活，使学生能够在生活中感受到道德的力量和法治的精神。再次，道德与法治教育课程最根本的任务是实效性,提高道德教育和法律教育的效果。道德教育与法治教育的根本目的是提升小学生的伦理意识和法治意识,使小学生成长为具有良好道德观念和法治观念的好公民。课程的应用应遵循课程的基本理念,学生的课程开发也应与学生的基本理念相适应,这就要求我们注重小学生在"道德与法治"资源开发与利用中的积极参与和实践活动,并将具体的道德与法律事件结合起来,使小学生逐渐活跃起来,成人成才,逐步成为有素质、有修养的社会主义好公民。

第二,全面提高学生的基本素养。基本素养是学生在学习阶段必须逐步形成的品格和能力,这有利于个人发展和满足社会需求。基本素养的基本概念是要使学生成为全方位发展的人,需要培养三个方面:社会参与、文化基础和自主发展。将这三个方面细致的区分后分别是:人文背景、科学精神、学会学习、健康生活、责任担当、实践创新六个创新特点。(图 5-1)

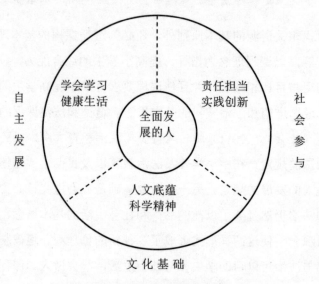

图 5-1　学生发展核心素养

具体到道德和法治的基本知识主要包括:第一,在提高学生道德认识和价值判断的同时,提高学生的道德觉识和道德反省;第二,提高学生对个人、家庭和社会的认识,了解人与自然之间的关系;第三,培养学生的生活技能,包括学习、交流和管理技能等;第四,提高学生的公民意识,公民意识的提高包括民族意识、权利义务意识、规则意识和法治意识等；第五，鼓励学生积极参与社会活动，学以致用。

为了培养学生在道德和法治课程中的这些素养形成，我们需要准确理解道德和法治基本知识在设计和使用课程资源方面的重要性增强在设计和使用课程资源时的目的性；同时还要优化课程资源的设计，使之更加有利于提高学生的基本素养。例如，教师在讲授《道德与法治》二年级第一卷"我们的公共场所"一课时，可以以学校这一公共场所为例，对学生进行培训和鼓励，鼓励学生爱护学校的公共财物，提高学生的环境保护意识和对其他公共财物的保护意识。比如在学校里要遵守学校规章，教师应该教导学生爱护学校的环境，不要随手扔垃圾，要学习垃圾分类的生活技能；当学生们去学校时，应让小学生理解，有秩序地进入和离开校园的重要性，这能够培养他们对规则的理解。在开始上课之前，教师必须清楚地认识到，上课的目的是提高学生的基本素养，根据学生的具体生活经验情况来组织学习，达到培养学生基本技能和品格的目的。

二、小学《道德与法治》课程资源开发与利用的主要途径

"道德与法治"课程要求我们加强有关设计和使用的研究。在"尊重基本原则和要求"的基础上，为培养课程资源提供保障，为了提高教育系统的道德和法治地位，充分发挥教师在教学过程中的引导作用，开发和整合不同的教学资源，使教学内容更加丰富，提高教学质量，完成育人目标。

（一）提高道德与法治课程在教学体系中的地位

习近平在主持召开的思想政治理论学院教师座谈会中强调：创造灵魂，用中国特色社会主义新时代理念教育人，始终贯彻党的教育方针，落实基层人民教育活动。思想政治理论课是国际环境与发展学院基础项目实施的关键。思想政治教育的作用是不可代替的，思想政治的教师责任重大。小学道德与法治作为促进小学生道德法治教育的课程，对于加强青少年道德法制教育、

弘扬社会主义基本价值观、实施法治，具有重要的现实意义。因此，我们应该把道德与法治相结合的课程放在教学体系中重要的地位。

首先，学校应重视建立纪律、道德和法治制度建设，并在学校课程中加强道德和法治意识的培养。学校必须对培训活动进行科学规划，确保适当的道德和法治培训时间，并及时加以监督，以确保教学的质量和进展。同时，学校应该从科学的角度建立一个评价机制，对教授道德和法治课程的教师适当鼓励和倾斜，以便更好地评估学习的效果。

其次，学校要高度重视专业的道德与法治教师队伍建设，加大投入，配置优质的教师资源，选择专业的青年教师担任道德与法治的专业教师。同时，学校必须加强对教师的培训，建议聘请专家和研究学者培养和发展教师的专业能力。学校应定期组织教师进行道德和法治方面的培训，以参与教学、研究和监测学校课程。为了加强该科目的教育和科研能力，可以建立相应的学习小组，对选定的课程经常交流和观摩，提高教师开发和使用课程的能力。

再次，家庭和社会应该重视小学生的道德与法治教育。父母应该与学校积极合作，积极参与学校组织的道德和法治活动，让学生将学校知识与现实生活联系起来。教育部门和有关社会机构也要积极支持小学道德与法治教育，对于那些有利于小学生学习道德和法治课程的公共场所，如博物馆、展览馆等社会资源要主动的对学生进行开放，在整个社会环境中营造一个重视德育和法治教育的良好氛围。

最后，建立鼓励发展和利用"道德与法治"课程资源的机制。在某种程度上，开发课程资源是一项复杂的任务，它不仅需要教师拥有相关的专业知识和技能，教师也必须从原有的传统思维中走出来，在制定课程资源时要有系统性、完整性和创新性。一般来说，教师往往缺乏对新事物的信心，因而难以自行制定课程。因此，需要建立一个激励机制来鼓励教师开发课程资源，这非常重要。一个好的激励机制的建立可以提高教师在设计过程中的积极性，这个机制包括精神方面，也可以是物质方面。一方面，在编写学习材料方面，有突出成果的教师可以受到表彰，如颁发荣誉证书、授予荣誉学位等；同时，在后续教师的晋升或评职称中，把教师开发和使用课程资源的能力也可以纳入其中，作为重要的依据之一。另一方面，课程的开发和使用也可以纳入教师考核，那些注重课程开发和使用的教师在教学中可以获得更多的绩效工资。上述激励措施都能在一定程度上有效地调动教师的积极性，促进课程资源的有效设计和利用。

（二）充分发挥教师在课程资源开发与利用中的主体作用

习近平在召开的思想政治学院讲座中强调，思想政治发展的关键是发挥教师的积极性、主动性和创造性。思想政治课教师应该在学生心中播下真理、善良和美丽的种子，帮助他们在自己的生活中扣好人生的第一粒扣子。在课程与学生之间的联系中，教师在组织和开展教学活动方面起着主要作用，这要求我们明确教师在制定和使用课程资源方面的主体地位。此外，学校还应加强对教师培训和使用课程资源的意识，让教师们不断提高自己开发和利用培训资源的能力。

1.明确教师在《道德与法治》课程资源开发与利用中的主体地位

根据标准教育模式，大多数教师认为教材的编写是相关专家或教育行政部门的事情，他们只是教材和课程的实施者。但是随着教育观念的变化，我们逐渐意识到教师是课程资源制定和使用的主体。由于教师是课堂的引导者，是课程与学生学习之间的桥梁，因此他们对课程和学生是最熟悉的。在平时学习中，只有教师才能更好地了解学生的性格、兴趣和需求，因人而异地选择适合学生发展特点和学生真正需要的课程资源。在这一方面，教师所处的地位以及与学生的关系是参与课程开发的其他专家和学者不可替代的。一方面，作为课程资源开发者，教师应进行全面调查，并确定好与课程内容相符的课程资源，根据课程目标、教学要求对教学内容有关的问题进行识别；另一方面，教师作为课程资源的主要使用者，必须对已经开发的各种课程资源进行筛选、甄别，应该选择和教授最符合学生成长要求的课程资源。同时，汇集和整合现有资源，最大限度地利用好课程资源，发挥课程资源效益的最大化。尽管教师既是课程资源的开发者，也是课程资源的使用者，但在现实中，由于时间和精力有限，教师仍然需要更多来自社会、学校、专家和研究学者的指导和帮助。只有多方整合，教师才能保证最大的教育效果。

2.增强教师开发与利用《道德与法治》课程资源的意识

教师作为制定和使用课程资源的主体，首先要认识到自身的优势，转变角色和思维方式，并从根本上改变课程资源的开发思维，将其作为教学的主要任务。课程资源要求教师采取主动行动，积极识别、筛选、制定和使用。教师们也一致认同，教材的开发是他们学习的重要组成部分。现在是课程改革的关键阶段。"道德与法治"在小学实行了一年多，由于课程性质发生了变化，新的课程教学迫切需要大量的教学资源。为了丰富课程内容，教师需要把课程的开发和利用作为一个重要的出发点，改进教学，及时开发和使用课程学习时所需要的资源。其次，教师必须明确学习资源的范畴。教师必须认识到，教材不仅是教学资源，教师自身也是重要的学习资源。在教学过程中，教师要学会运用自己的知识和经验来指导和教育学生。同时，教师在开发和利用课程资源时，必须根据自己已有的知识和技能来定义和选择自己的课程，这就要求教师及时补充知识，提高技能，加强自身专业素养。

3.提高道德与法治教师课程资源开发与利用的能力

提高教师制定和使用教学大纲资源的能力，教师要明确教育课程工具设计和使用的质量、水平与教师开发和使用课程工具的能力有着高度的联系。首先，教师必须注重提高教学和实践能力，积极学习课程资源开发利用的理论知识，熟悉教材开发和使用的相关课程要求，能够去发现和掌握生活中的道德与法治课程资源，并且可以将生活中的问题融入到教学中。其次，教师要提高识别和选择学科的能力，并考虑课程资源的使用能够带来的效果，使课程标准合理化。教师还应全面整合不同学科的知识，逐步优化自身综合素质和能力，能够为课程资源的制定和利用打下坚实的基础。

开发和利用教师对道德和法治领域资源的整合能力决定着课程的质量和实施的程度，需要教师和学校不断地共同努力。

（三）多方位开发与整合利用小学《道德与法治》课程资源

为了丰富道德与法治课程的教学内容，提高教学效果，我们需要从不同的角度探索和发现新的、适合学生的教学方法。比如，与小学生紧密联系的生活化教材，优秀的中国传统文化资源和在教学活动中发挥重要作用的多媒体和网络信息资源。与此同时，还必须促进对现有资源和已开发资源的整合和利用，优化后纳入道德和法治课程教学的数据库，形成课程资源库。

1.开发利用生活化的道德与法治资源

离开生活的教育是没有生命的教育。换言之，只有将知识与小学生真实生活经验结合到一起的学习，才是具有价值的学习，达到这种效果往往与小学生的生活经验密不可分。建构主义学习观认为学生根据自己独特的经验选择和处理外部信息，编码新的信息，会深化自己的理解，并赋予这种体验一种意义。因此，教师在教学中应充分考虑、发现并尊重学生的生活经验。

小学阶段作为学生成长的关键时期，也是培养学生行为和心理习惯的重要时期，学生的生活态度和自主意识将在这一时期开始发展。道德和法治课程的目的应当注意紧密结合社会和时代发展的需要，尊重儿童身心发展的规律，从儿童实际出发学习相关教材，以帮助学生更好地适应校园生活，养成良好的道德和行为习惯。

作为一门以生活为基础的小学综合课程，《道德与法治》与现实生活密切相关。这一课程的目的是使小学生回归生活。可以说，小学的道德和法治是源于生活，高于生活的并指导生活。因此，道德与法治的教师必须指导学生建立对生活的认知、经验和理解，探索生活中可能存在的学习资料。

第一，选择日常生活中的事件来唤醒学生的兴趣。例如，在教三年级教材《道德与法治》中的"感恩家庭"部分，鼓励学生认真观察并记录他们的家庭生活经历。这种方式使学生能够看到他们的家庭成员为自己的成长做了什么，并使学生能够思考，如何感恩自己的家人，用什么样的实际行动来感谢。此外，教师可以进一步告诉学生，尊敬长辈、孝顺父母不仅仅是我们中华民族的传统美德，也是一种法定义务和责任。于此同时进行法律知识的学习，不仅可以提高孩子的道德品质，让他们更加孝敬父母，也有助于提高学生的法治意识。日常生活中的一些事情每天都在发生，如果你不去观察，那它们都会看起来很正常，毫无意义。其实，我们每天所经历的那些小事已在潜移默化中影响了我们行为习惯的养成和道德品质的发展。所以我们必须从长远的角度来看待生活中的这些细节，通过优化教学设计，帮助学生培养良好的道德意识和法治意识。

第二，选择生活中容易犯错的事件来理解、反思自身。儿童在生活中所犯的错误也是教育的一个重要资源。当学生明白自己为什么出错？错在了哪里？今后该怎么办？他们就会得到更多的思考和收获。此外，为了在今后取得更大的成功，他们必须理解他们犯错误的原因并下决心改正错误。事实上，对学生来说，在成长和发展的过程中必然会犯错，但是在这一过程中，学生们看到了自己的错误、认识到了自己错误的原因，并立即纠正这个错误，使他们获得新的知识和提高他们的认知能力。例如，在二年级教材《我们的公共场所》一节中，教师可以选择某些学生乱扔垃圾、在课堂上发出奇怪的声音、没有按时完成家庭作业等不正确的行为，对学生进行引导和教育，让他们明白垃圾会破坏环境、噪音会影响课堂、不及时做作业会影响到自己的学习，让学生了解自己的行为是错误的，并帮助他们改正这些错误，从而培养更好的行为习惯。可以说，学生生活和学习中的错误更是一个很好的课题，它能够发现和利用学生的各种错误给教学带来巨大的生机与活力，有助于学生的认知发展，培养正确的世界观、人生观、价值观。

2.大力挖掘优秀传统文化资源

"中国优秀传统文化的哲学思想、人文精神、教育思想和道德观念丰富，可以为人民提供理解和欣赏的有益教育。可以为治国理政提供有益启示，也可以对道德建设提供有益启发。"中华优秀传统是中华五千年文化长河中的重要组成部分，是中华文明的精华部分。中国传统文化的价值观与当前的道德法治教育在本质上是一致的。中国优秀的传统文化是开展德育和法治教育的宝贵资源。同时，道德法治教育就是我国优秀传统文化的宝贵传承、创新和发展。从中国传统文化中提取德育资源的过程，就是对传统文化的继承、发展和创新过程。中小学生的德育教育，要求我们积极学习优秀的古典文化资源和传统文化资源。

首先，利用好国家优秀的传统文化遗产。优秀的文化经典对人们的灵魂有着润化作用，并能给人们带来启蒙的永久影响和精神力量的永久流动。《弟子规》《三子经》等经典书籍为中华民族的行为和哲学理念提供了价值观和行为准则，这些经典课程的学习和阅读可以浸润小学学生的思想，是小学学生道德教育的最佳材料。其次，利用中国古代优秀的经典文化资源。美丽的经典故事富有深刻的哲理性和育人性，它可以向人们发出强烈的警醒，是小学生道德和法律教育的一个重要来源。如"守株待兔""揠苗助长""刻舟求剑"等经典的故事，蕴含了诸多生活道理，有助于帮助小学生培养规则意识和道德意识。再次，更好地利用中国古代的诗歌资源。古诗词是中国文化的宝贵财富，许多古代诗中饱含着诗人对家庭、、国家和社会的家国情怀和忠诚。学习古典音乐可以丰富学生的爱国爱家爱社会的情感，陶冶情操，有助于良好行为习惯的培养，升华情感、态度、价值观。最后，我们要充分发掘中国传统节日资源。传统节日是中国文化的重要组成部分，一些传统节日可以加入到道德和法治的教学中，如春节、清明节、端午节和国庆节，在学习了解传统节日的由来、具体内容、习俗的同时，提高小学生的民族意识和爱国意识，增强中华民族的自尊自信和自豪感，树立文化自信。

全面审视中国新兴的传统文化遗产，将有助于小学生的精神觉醒，增强他们的中华文化意识，培养小学生良好的个性品质和道德品质。

3.充分开发利用多媒体及网络信息资源

第一，开发和利用多媒体和网络信息资源可为教授道德和法治作出许多贡献。利用多媒体和网络信息资源，可将新技术和新知识纳入道德和法治教学中。因此，道德和法治教育一定要与时俱进。媒体和网络资源的使用可以突破时间、空间和区域的限制，使学生能够体验不同的文化和社会资源。这大大丰富了教学的内容，激发了学生对学习的兴趣。在学校或其他教育机构中，教师和学生之间、学生和学生之间建立网络链接，实现线上交流、学习，享受了丰富的网络资源。因此，借助多媒体网络资源，学生可以在课堂上体验不同的文化，课堂不再枯燥乏味，学生对知识的理解也更容易起来。学生的学习也由被动变为主动，增加了主观能动性，学生自主学习的能力显著提高。使用多媒体和网络信息源同样可以促进教师和教师之间的互动，相互学习，及时总结学习经验，共享高质量的学习数据，提高教学质量。

第二，利用网络，教师可以收集教育资源，制作多媒体课件，搭建各种平台，进行交流和共享。在教学的准备阶段，教师可以通过网络来搜集有关道德与法治课程的材料，并设计多媒体教学方案。多媒体的课程方案可以包括多个功能，如声音、文字、图像、动画和视频等，可以使课堂上的道德和法治教育更加生动和真实。教学软件中的视频和动画可以吸引学生的注意，给学生提供动态地体验，这种体验式的学习形式可以给学生提供更多的学习机会，使他们更深入地了解教学内容。多媒体教学软件的出现，不仅减少了教师的教学难度，也让学生积极参加进来，有效地提高了课堂学习效率。此外，教师还可以利用互联网开讲道德和法治课程、开设道德与法治微信公众号、课程微博等。教师可以在这些信息平台上公布他们的学习经验和想法，让更多的教师能够获得经验。

4.整合利用现有道德与法治课程资源

在小学道德和法治课程里，不但要积极开发各种有益的课程资源，我们还必须加强对现有课程资源的整合和利用，对现有资源开展培训和实际研究，例如，重建和重组现有的道德教育资源等，可以设立道德与法治课程资源库，以提高训练课程资源的利用率。构建课程资源库，必须根据具体的分类标准对不同的课程资源进行分类和组织。例如，开发的资源库包括视频资源、历史资源、活动资源和游戏资源等。开发人员可根据目前情况，总结出一个《课程资源登记表》（如表5-1所示），对课程开发的进展、人员、岗位、范围、类型等进行分类、归档、保存和管理。

表 5-1　课程资源登记表

课程资源类型	开发人员	开发状态	开发方式	适用范围
视频类				
故事类				
活动类				
游戏类				
文化类				
……				

　　为课程资源建立数据库，要对课程资源进行科学的分类，平衡课程资源的开发和使用程度，方便课程资源的整合和使用。教师可在课程学习期间从课程资源库中直接寻找课程的相关资源，并结合自身的教学方法创新和使用课程资源。建议各个学校必须建立自己的符合本校特色的"课程资源库"。各级教育部门也可以合并每个学校的资源基础，聘用课程专家和学科教育家管理资源库，指导教师正确使用资源库，并为课程资源库提供更加优质的学科资源。同时，有条件的学校和地区也可以学习和使用互联网建立"大数据课程资源库"，可以将各种资源数据库联系起来，为制定和使用各种资源的学校和教师提供更多的技术支持，这不仅节约了成本，而且还提高了资源的利用率，对实现教师的教学目标和学生的学习目标意义重大。

第六章 小学《道德与法治》课堂教学质量测评

第一节 《道德与法治》课堂教学质量测评现状

一、小学《道德与法治》课堂教学质量测评中存在的问题

在经过进行研究和分析后，可以得出结论，当前的课堂质量评价与以往相比取得了显著的进步，但是依然存在一些问题。例如，对每一个对象的评价都采用同一个标准，它并不能反映每个对象的具体情况和个体特征，很难衡量具体的个体的真实的水平。小学的道德与法治课抽象，不是单纯的知识传授，加上不好理解，更多的是学生意识情感提高和生活中的践行，因此就更难预测学生学习效果的真实水平。评估过程中存在的问题概括如下：

（一）测评目的被曲解

目前，大多数小学的领导和教师不太了解评价课堂教学质量的真实目的，评价的相关专业知识和教育思想还相对落后，或者他们简单地认为评价只是纯粹的奖励和惩罚。特别是广大乡村小学的管理层认为，对教育质量进行评估是上级部门的任务，他们对学习质量的评价是让老师去听课，无论什么学科的授课，基本都使用同一个评分标准。因为老师很少，生活的圈子也小，所以他们给所有人的分数几乎都是一样的，以免得罪别人。这也妨碍了评价发挥其应有的作用，不能反映授课教师的真实专业水平。

（二）测评组织机构不合理

目前，对课堂教学质量进行评估是不适当的，因为道德和法治课程质量测评的组织机构既不规范也不合理。例如，在很多学校中，评估是由教务处进行的，而这些人不仅要制定评估计划和方案，而且还要处理教师的申诉。可以说，它们将不同的职能和权力结合起来，这将对评价的公正性可能产生重大影响。此外，评价组织的成员本身可能也是不合理的。首先，评价人员一般是学校的一些管理人员，他们本身并不了解专业的评估知识，对于自己没有参加过的课程也不是非常了解。例如，一些年龄偏大的人不太懂得英语，但他们却也负责评估英语课堂的质量，他们测评一般都是看老师的指示手势、语调和整个课堂的整体氛围来进行评价，这对评价的有效性和公平性有很大的影响。其次，学校规章制度和管理制度不健全。目前许多学校的质量评估只是象征性的，每学期都要进行一次。因此，该组织的工作人员原则上每学期应该更换一次，而且没有对人员进行界定，不利于学校质量评估工作的进一步有效开展。

（三）测评缺乏有效的沟通与指导

目前，学校评估的大部分是由上级管理人员签发了文件，下面的学校将开始执行这些文件。他们的表现往往是基于他们自己的理解或上有政策下有对策。这主要是因为：一是教育部门没有专门向学校的教师提供专业评估和指导；二是教师本身缺乏专业评估的知识和技能。教师每天都在从事教育教学工作，他们的工作重心也在教育教学上，所以很少会去学习和关注教学质量的评价问题。

（四）测评结果的原因分析不到位和测评反馈机制不健全

目前，大多数学校都把教育质量评估视为一项活动，这些评估结果最终呈现出来的就是平常的一等奖、二等奖、三等奖或者是冷冰冰的分数等。整个评价基本是对教师的简单评论，当操作完成时，评价人员的工作也就结束了。评价既没有对结果进行详细地分析，也没有对老师评估中的问题做出详细地解答，最后只是单纯地给予一些奖励，这不可避免地会影响到教师的一些情绪，背后议论猜测、评价的公平性和意图，有可能产生消极的情绪，对工作不利。

二、《道德与法治》课堂教学质量测评改进的方向

（一）明确测评目的

评估中心必须首先确定评估的目的和任务，并让学校或教师了解清楚。教育机构质量评估的目的是让教师更加真正地了解教育目标。课堂教学质量包括组织教学内容、课堂教学方法、学生的学习环境、学习经验等。在"道德与法治"课程结束后，考察道德意识、道德情感、道德意志和行为的变化程度也会有所不同。评价的总体目标是：第一，通过评价促进教师发展。通过对教师进行评价，他们可以对自己的教学活动有一个压倒性地了解，并提出预防性和永久性的意见。指导教师植入积极的教育评分，学习其他好的教学方法，不断提高自身的教育水平和学习水平。第二，通过评估促进交流。在评估小学"道德与法治"教学质量的过程中，一线教师可以与他人交流新思想和好的做法，通过同级审评和专家审评开展培训，纠正缺点，相互学习，并建立合作和竞争意识；第三，通过评价推进管理。课堂教学质量的成功评估是专家评价、教师自我评价、同伴评价、学生评价相结合的综合评价，包含着包括自我管理、相互管理、民主监督等，能够不断提高学校和教师的管理水平和技能。

（二）完善测评组织机构

学校设立专项小组以测评道德与法治课堂的教学质量。评估组主要负责对道德与法治课程的质量进行评估，如对评估计划、评估目标、评估结果的审查以及对道德与法治教师的培训。评审小组的组成可以由校工会的教师和职工进行民主选举，参加成员者应该是熟悉评估的流程及相关知识、品行端正、受人尊重的领导或教师。只有这样组成的评价小组才能确保评价的公平

性、实效性，而通过这样的方式所设立的评价小组对该课程的后续工作开展也是非常有益的。为保证评估的结果还要通过选举产生一个督察小组。在两个小组结束时，必须确定每个成员的任务和责任，例如，评估小组负责评估道德与法治的教学质量、绩效评估和教师培训；督察组对评价组的工作进行监测。此外，还必须明确每个人的职责，如表格的格式、评估和培训以及数据的汇编等。

（三）加强培训

在经费充足的情况下，教育主管部门可举办各种培训活动，并邀请有关评审专家参加，或者组织教师通过观看直接传播、观看类似图片和阅读相关书籍来集中进行学习。这里要注意的是"集中精力学习"，因为现在很多人都疏于学习，阅读都是在学校进行，很少有人在课余时间认真读书。当学校想检查阅读笔记，只需在网上选择抄袭，就可以交差。因此，在条件允许的情况下，应安排教师进行密集培训，并部署适当的管理人员进行现场指导。对表现突出的优秀教师给予一定的奖励，鼓励他们继续学习，深入地学习。只有不断加强学习，才能让评估更准确和更有意义。

（四）做好反馈和改进

在评估结束时，重要的是要有及时地反馈和交流，不仅要让教师了解评价结果，而且要分析出有关教师的长处和缺点，指导教师如何做才能更好地培养和教育好学生。评估结束要鼓励教师根据反馈和随后的信息交流对计划作出调整和改进，提交评估小组进行再次审查。如果有需要恢复的部位和区域，应及时提供建议和指导。评估小组给老师一个真实的期望，然后安排下一次评估，看看有没有进展，督促改进。如果老师对这次评估的结果有疑问，可以将自己的想法传达给校领导，校领导可根据具体的意见做出相应的调整。

（五）加强对结果的分析和审核

评价小组应安排适当的工作人员，在评价结束后及时分析结果。只有在验证评估结果的准确性后，才能对评估结果进行分析。如果结果是错误的，这种分析也会产生问题，影响整个评估结果。此外，分析还包括对教师评价的个别阶段的分析和对学校全体教师教学失误的整体分析。从教师和学校领导两个维度分析问题，然后讨论如何改进这些问题。

第二节　《道德与法治》课堂教学质量测评量表设计

对教学质量的评价是"道德与法治"的一部分，小学的"道德与法治"与语文、数学、英语等学科不同，对"道德与法治"的评价包含了学生的意识领域，因此会有一些困难。这种困难主要体现在衡量道德的难度上，它是不稳定的，它会受到当时被考验的人情绪的影响。目前在这一领域的评估技术还不够成熟。本章介绍了评估课堂教学质量的特点，介绍了小学"道德和法治"的目标、理论框架和评价标准，以及评估课堂教学质量的标准、伦理和法治，基于具体的道德评估和参考文件制定出小学教育的评估目的、规模预测和可靠性分析。

一、小学《道德与法治》课堂教学质量测评的特殊性

评价小学道德与法治的质量是很复杂的，与心理评估和自然科学相比，虽有同样的难度却更难测试，因为心理评估和自然科学都是重复实验，可以控制一些变量。但是道德与法治课程却不是实验的课程，班里的情况会有不同的变化，情况并不固定。

此外，学生的道德意识与道德行为之间存在着一定的差距。学生们通常知道有可能会发生什么，但他们却总是不受控制地去做。这可能表明，学生的道德教育是非常好的，但当学生有不道德的行为时，评估就会变得很尴尬，学生的道德意识和行为之间被割开。

二、量表设计

评估表的内容应包括：评价目标、评价理论框架、评价标准、评价层次、评价结果分析、信度和效度验证。

（一）评价目标

教师学习行为评估的核心是检查教师是否达到了教学目标、正确使用教学方法、鼓励每一个学生积极参与学习和取得进步。希望教师能够通过评价认识到课程的局限性和不足之处，帮助教师形成健康客观的自我发展意识，找到提高自身专业水平的有效途径。

（二）评价理论框架

本研究以《道德与法治课程标准》为切入点，参考相关文献、访谈和实践研究，对课堂教学质量进行评价。主要参考了《义务教育品德与社会课程标准（2011年版）》《小学＜品德与社会＞学科课堂教学评价标准》《公民道德建设实施纲要》《宪法》《中小学德育大纲》和《中国青少年法治教育纲要（2016）》等教材，其中也有相当一部分采用了国外优秀的评价理念和方法。其中，《义务教育阶段道德与社会课程标准（2011年版）》是小学《道德与法治》课程编写、教学和评价的依据。在第四部分的课程设置中有写到教学和评价建议，具有重要的参考价值；《小学教育评价标准＜品德与社会＞》是一个有着宏观内容的具体表格，占有一部分权重比，是本文的主要参考文献之一，也是本文的理论基础之一。

（三）评价标准

评价标准是评价者用来衡量任务对象的一种尺度，对被测者也有指导作用。正因为有了尺子，考核才能客观，否则评价只能是主观的假设，或者带有人们的情感色彩，是盲目的。为了确保项目有代表性和符合标准，我们严格按照内容收集项目，根据评价制度确定的有关评价标准进行评价。

该项目由三个方面组成：首先是基础学校课程标准与司法标准，其次是现有教育质量标准的收集，最后是相关课程建议。经过精心的挑选后，确定了以下七点：

第一，培训目标。这是研究的目标和预期结果，是学习活动的起点和终点，主要从以下两个方面来评价培训的目的：制定课程目标和教学目标的内容。其标准含义如下：

表 6-1　教学目标测评标准

标准分级		标准内涵			测评方法
一级标准	二级标准	一等	二等	三等	
教学目标	目标设计	小学道德与法治课程可以确定知识与技能、过程与方法、情感观察与价值的三维目标。它反映了课程的技术性和人文性。	能够反映知识、过程和方法，但在情感设置和价值观方面不符合标准。	目标不明确，无法抓住重点。	通过复习课程来观察教学过程。
	目标内容	内容具体、清晰、易用。	内容很有用，可以突出目标。	有些知识没有完全理解，有些内容不清楚。	

第二，培训内容。培训内容主要衡量四个方面：①逻辑是否相对清晰。这主要取决于每一章、每一个框架问题之间是否有内在联系，是否符合客观事物发展规律和人类对客观事物认识的规律；②概念是否正确，相关判断是否科学，是否经过严谨的推理；③阐述问题能否与实际相结合，能否用详实的材料来支持自己的观点；④所描述的课程是否符合课程的要求，必须有一定的创新。教学内容标准见表 6-2。

表 6-2　教学内容测评标准

标准分级		标准内涵			测评方法
一级标准	二级标准	一等	二等	三等	
教学内容	内容结构	具有科学性和思想性。强调小学"道德与法治"课程丰富的人文主义内容，对小学生的概念和心理方面的影响，并强调护理和感染的作用。	既能反映课文的主要观点，又能突出《道德与法治》课程对学生情绪积极的作用，但缺乏科学和意识形态。	内容结构混乱，缺乏科学性和思想性。	评价主要依据教师的课程设置、课程标准的审核和学生课堂情况的考察。
	内容分量	教学内容的权重要适当。让学生感觉到课堂的愉快性，积极主动地学习。	教学内容权重不足或过重，但在学生可以接受的范围内。	教学内容太少，不能满足课程标准的要求。	
	内容特点	可以借鉴学生的经验和他们选择的科目。框架材料不仅可以被纳入教学，而且还可以促进学生的道德意识，特别是注意培养学生的道德行为。	基本满足框题的要求，表达出框题的主要含义并抓住最重要的要点。	没有明确该框题的特点，教学按部就班，不能做到顺势而为。	

　　第三，方法和手段。评估项目主要有三个方面：一是针对每个具体问题选择合适的教学方法和手段；二是决定是否使用现代教学方法。目前的教学方法可以包括视频、音乐、图像等，这使得教育环境更加多样化。同时，所要写的内容也可以在课前写到 PPT 上，这样宝贵的时间就不会浪费，提高课堂效率。更重要的是，这些做法吸引了学生的注意，得到了学生的喜欢。三是教学方法。可以说，使用正确的课堂教学方法能起到事半功倍的效果，良好的学习方法可以激发学生的兴趣和热情，大大提高了学习效率。

表 6-3　教学方法和手段测评标准

标准分级		标准内涵			测评方法
一级标准	二级标准	一等	二等	三等	
教学方法和手段	直观教学	教材的准备充分，清晰明了，能让学生快速理解。	有了直观的教学工具，学生们似乎明白了。	没有直观教具，教学全凭讲述。	它是通过生活课和学生体验研究来评价的。
	多媒体教学	适当地使用多媒体教学，并发挥多媒体的作用，注意学生的反馈信息。	能引起学生的兴趣，但不懂主题。	多媒体教学使用不当，画蛇添足。	

第四，教学结构。目前提出的教育结构是以学生为中心的教学结构，由于教学的中心不是"教授"，而是"学习"，所以教师应该是以学生为核心，在帮助学生自主学习、自主发现、自主总结方面起主导作用。

表 6-4　教学结构测评标准

标准分级		标准内涵			测评方法
一级标准	二级标准	一等	二等	三等	
教学结构	理论课教学	选择最重要的一点，激发学生的兴趣，使他们能够理解和接受。	课程内容可以完成，但学生感觉不是很好。	理论很无聊，不能激发学生的学习兴趣。	对学生进行调查，随堂听课等。
	实践课教学	学生们可以主动参加活动，并能在学习中获得乐趣和知识。	学生主动参与，可以感觉到乐趣，但缺乏对知识掌握不够。	学生们参加了，但积极性不高，没有收获，没有乐趣。	

第五，师生双边活动。教学是师生之间的双边活动。因此，教师在课堂上应根据现有的经验和知识，明智地提问，指导学生有效地学习和发现新知识，学生通过自己掌握的理论知识转化为理论情感和行为。

表 6-5　师生双边活动测评标准

标准分级		标准内涵			测评方法
一级标准	二级标准	一等	二等	三等	
师生双边活动	教学活动	教师在学习过程中充分发挥引导作用。学生在学习中发挥主体作用，学习民主，课堂气氛活跃和谐。	教师充分发挥了学生的主体作用，但教师的主导作用没有得到充分发挥。教室里的气氛不活跃或太活跃。	学生读书，教师讲授，但教师占主导地位。教学活动正常，气氛比较沉闷。	研究学生的参与性，参与课堂评价。

第六，教学艺术。教学艺术是一套具有独特风格的创造性教学行动，是教师在课堂上为取得最佳学习成果而使用的方法，符合某些教学规则和某些美学标准。这反映在一种幽默的语言、一种独特的教学智慧、一种夸张的语言和行动中。学习是科学也是艺术。一千个读者有一千个哈姆雷特，虽然不同的人对艺术有不同的理解和感知，但我们认为单纯的艺术教学不应被视为一种优秀的教学方法或创造性的教学设计。教学的艺术是表演性的，它有诙谐幽默的语言、生动的表演，以及恰如其分的笑话和其他示范方法，他们可以使学生快乐的学习，教师可以寓教于乐。

表 6-6　教学艺术测评标准

标准分级		标准内涵			测评方法
一级标准	二级标准	一等	二等	三等	
教学结构	课堂导入	能将学生的经验与现有知识相结合，以有效的方式呈现，激发学生的学习兴趣，激发学生的思想道德意识。	导入是合理的，但不能很好地激发学生的学习兴趣和鼓励学生积极思考。	有导入，符合框题要求，但是无法达到教学要求。	调查主要通过课堂授课和学生反馈进行。
	课堂结束	开展互动训练，提高学生士气，学生可以总结知识和积极实践，有练习巩固，学生们的反馈很好。	能及时组织检查，及时培训，促进迁移和及时发现，不会因要求更高而阻碍学生学习的积极性。	教学时间没有很好地理解，结束很快或知识点没有在课程结束时巩固好。	

第三节　量表对提高《道德与法治》课堂教学质量效果的研究

一、理论效果

从理论上讲，量表评定法将小学"道德与法治"的七个单元整合在一起，它们分别是：教学目标、教学内容、教学方法和手段、教学结构、师生互动、教育艺术和教育效果。通过对知识的综合分析，突出了教师的专业水平，也突出了学生的主体地位。将评价过程与评价结果相结合，制定了一套针对师生教学的综合方案，这使得评价领域更加清晰，评价过程更加开放、高效，评价结果更加真实有效。经研究可以确定，量表测评方法是改革课堂教学质量评估模式的一个突破，本文所设计的标准是以学生的感情和学习目标为导向的，这是一个对学生的道德情感和道德行为的评价，反映了"道德和法治"评价的特点。本文的理论意蕴主要体现在以下几个方面：

（一）完善了《道德与法治》课堂教学质量测评体系

虽然现行的《道德与法治》课程体系可以参照《小学<品德与社会>学科课堂教学评价标准》（2010）课程体系，但随着时代的进步和课程标准的改革，以往的评价标准已不再完全适用于现有的课堂。而本文就是基于旧的评价标准和现代教学实践的基础总结出的全新量表。这在某种程度上，改进了"道德与法治"课程质量测评系统。

（二）为《道德与法治》课堂教学质量测评提供了参考

本研究的主体是教学质量评价，参照的是《道德与法治》课程标准、评价标准、国内外关于教学质量的理论和量表的发展，通过收集各种信息资料，加上作者自己的思想和见解而形成的结论，这为评估课堂教学质量提供了一种参考。

（三）有效地指导着小学《道德与法治》课堂教学质量测评工作地开展

本文分析了在小学"道德与法治"教学质量评价中存在的问题，并提出了相应的对策，还明确了评价的目标和标准，并制定了评估课堂教学质量的尺度，以评估小学道德和法治，这样做为有效指导课堂教学质量评估的发展提供了保障。

二、实践效果

众所周知，问题的难点不是解决问题，而是找到问题。本文中所列的标准基本界定了小学教育中的"道德和法治"的教学质量评估要点，它的主要任务是帮助学生和教师在课堂上发现问题，能够快速找到"原因"并"对症下药"。本文设计的"道德与法治"教育质量评估量表正是对这一点的检测。预期等于实验，证明了量级方法非常有效地评价了小学"道德与法治"课堂的教学质量。另一方面，评价等级也是一种特定标准。如果以后都用这个尺度来衡量，那么教师和学生就会作出适当调整，以获得更准确的评价。

（一）有利于把学生的道德认知转化成道德行为

利用评价标准对学生的心理认知、情绪和行为进行评价，帮助教师了解学生哪些方面存在困惑，进而确定教育目标，制定合理的对策，最终保证学生的道德认知转化成为一种道德行为。

（二）有利于提升教师的教育教学水平

根据评分表上的反馈的数据，教师能够发现自己教学的状况，从而看到自己的长处和短处，鼓励教师不断改进教学方法和手段，提升自己。当然，教师之间也可以相互学习。例如，老年教师可以从年轻的教师那里学习使用多媒体设备，因为年轻的教师一般都精通多媒体，信息技术水平较高；而年轻的教师也可以向老年教师学习优秀的经验和管理方法；新老互相促进，共同提高教育教学质量。

（三）保证课堂教学质量测评更加科学

本文运用科学、定量的方法对教育进行评价，以反映教师在课堂上的行为是否得当和学生的思维、道德和心理上的差异，将教师的教学目标、教学内容、多媒体的使用以及在课堂上表现出的学生的复杂感情转化为简单的比较具体的数据，降低了评价者的主观作用，有效管理错误，提高了评价的准确性，使得小学"道德与法治"的评价更加科学化。

三、存在的不足和改进措施

在编制评价课堂教学质量的标准时，可以看出小学的"道德和法治"课程教学仍然存在许多缺陷和需要纠正的问题。具体缺点和改进措施如下：

（一）在测评指标分数所占权重分配上不够精确

虽然我们研究了各种指标的重要性，但研究还不够详细，没有反复计算和提炼更详细的定义，更多的是依赖于主观经验来确定这一点，这是不严格、不科学和不准确的。例如，每一项相同的指标对不同地区的教师，如农村教师和城市教师来说，具有不同的影响。

改进措施：根据地域实际情况制定不同的标准。

（二）测评主体对测评量表缺乏参与热情，主动性不强

虽然在编制评估表时征求了学生、教师和教育管理机构的意见和建议，但教育主管部门的不够重视，导致了评价主体参与评价缺乏积极性和主动性。

改进措施：加大与教育机构和教师的沟通，让他们真正认同自己，勇于实践，呈现积极参与实践检验的创新状态。

（三）参考资料少

目前，极少有人提到小学中的"道德和法治"的课堂质量评估尺度。本文只是衡量课堂教学质量的初步尺度，关于小学"道德与法治"课程教学质量的测评量表还没有进行深入地研究。

改进措施：建立专项领导小组，制定一个评估课堂教学质量的模式，吸引教师、教育主管和专家充分参与教育质量评估。根据"道德与法治"这门基础课的标准的要求，制定适合不同区域的评估标准，确保学校和教育部门能够根据其实际情况作出调整选择，以提高评估的可靠性和有效性。

第七章 小学《道德与法治》"活动栏"教学问题与对策

第一节 《道德与法治》"活动栏"教学存在的问题

根据课程标准、教材特点和小学生认知发展规律的分析，可以看出实践学习在教学中有着不可或缺的作用。然而，通过实际的监测和分析，我们发现了一些老师组织学生学习的方法在学习过程中仍然存在许多问题。本文将从三个方面描述学习的问题：活动的学习方法、活动的内容选择和活动的具体实施。

一、活动教学的理念问题

（一）重说教，轻活动

"活动栏"在小学教育中的应用并不广泛。一方面，传统的教学观念早已根深蒂固，"强调知识教育和忽视道德教育"的思想，使小学"道德与法治"课堂无法摆脱原来灌输式的教育。活动教育对教师、学生、教学设计和教学设备的要求更繁琐，难度更大，因此大多数教师往往不愿采用活动教学法。另一方面，教师的重视程度不够，还没有足够深入地研究这门课。目前，任教"道德与法治"课程的教师大多是兼职教师或者是非全时教师，他们的上课时间非常有限，很难保证课程中"活动栏目"的正常教学和组织实施。基于《道德与法治》课程的程序性评价，也降低了教师对"活动栏目"课堂教学的要求，这导致活动教学在课堂中的应用性不高，开展得较少，无法达成预期的教学效果。

（二）活动教学理解片面化

小学《道德与法治》的"活动专栏"中的活动教育是指：在教学过程中，教师根据现代学生心理发展的需要和课程标准的内容，遵循小学生的心理发展规律以及个体间的差异性，对生活化、情景化、操作性进行界定，以学生的生活经验和生活能力为基础的道德教育活动，是对学生整体发展的教育概念和组织形式的补充。

鉴于活动教学的重要性，我们可以看出，活动教学不仅仅是一个新的教学理念，而且还是一种新的学习形式。在实际的教学中，它被大多数教师理解为一种关注学生真实学习的维度，实现学生全面发展的学习方法。活动教学地开展对教学设备、教学环境和教师的组织能力提出了更高的要求，这也使得教师在教学时注意选择更适合学生学习的教学方法。

例如，在二年级上册第八节"装扮我们的教室"一栏中，教科书中有一幅教室内部结构的图，可以先让学生观察教室的设计，最后由小主持人建议："看看其他班级的教室又是如何安排的，它们有什么好的设计和布置？"以便将课堂教学与学习任务链接起来，学习与生活实际结合起来。也就是说，鼓励学生学会观察其他班级的内部情况，大胆地描述其他班级的优秀设计，进行学习和借鉴。最后，让学生就本班教室设计做一个讨论、规划，设计出合理的方案。在实际教学中，当教师谈到与其他班级之间的关系时，认为只有引导学生们真正到别的班级实际观察，并以学生真实行为的出现作为一种标志，才能满足活动教学的需要，达成学习目标。但这样的活动在课堂上容易造成混乱，甚至影响其他班级正常的课堂学习，因此教师为了省事经常直接省略这样的环节。学习实践活动不仅涉及到现实的学习任务，还涉及到情感体验、交流、讨论、监督和合作，有助于三维目标地实现。

二、活动内容的选择问题

适当的教学方法是组织和发展教学活动的重要保障，教学水平和质量是教师职业发展成功的必要条件。教师在教授课程时，必须根据教学内容选择合理的学生活动。同时，还应考虑到学生身心发展的特点和需求以及学生的生活经验、能力等，只有有效的设计才能有效地促进学生的发展。但在日常课程的实施过程中，活动性课程的选择往往会因课程主体不同、课程内容不同、课程性质区分的问题影响到正常教学活动的实际开展，难以有效地促进学生的发展。

（一）偏离教学主题

小学每一节的"道德与法治"课都有自己的主题，如友谊、对班级的热爱和对传统节日的理解等。在教学过程中，教师深入研究课程的主题，以完成主题任务为目标组织教学，这是教师教学的基本前提，是完成学习任务的基本条件。往往在实际的教学过程中，由于教师没有对教科书进行充分地研究，因此他们没有准确地理解教学目标，选择合适的教学方法，教学活动常常偏离正常的教学主题。

例如：在"不做小马虎"这节课上，本课的主题是学生介绍他们的马虎行为以及这种行为可能会造成的不好影响，教育学生要小心、仔细，不要鲁莽行动，养成认真的好习惯。然而，在实际课堂教学中，学生在讲台上充分叙述出自己的马虎行为，每个学生都非常活跃，但他们却没有认真分析马虎可能产生的后果，从内心不认为这是一种不好的习惯，甚至他们觉得这"不是坏事，而是骄傲"，一节课学生其乐融融。基于学生的这种偏离学习目标的行为，如果教师只鼓励学生回答问题的积极性，不能正确地评价和引导学生对马虎行为的认识，引导学生改正，养成正确的行为的话，必然会偏离课程的学习主题，也就无法完成的本节课的学习任务，学习目标难以达成。因此，在"道德与法治"的学习过程中，学生的学习活动与教学主题应该紧密相连。否则，学习任务轰轰烈烈而没有教育意义，也不能培养学生正确的道德意识和养成良好的道德行为习惯。

（二）脱离学生生活

小学的道德和法治教育教学应以组织好活动为基础，但在实际学习过程中，教师如果不完全理解学生的情况，所设计的课程活动就会在学生生活之外，脱离生活实际。这样的教学设计，学生在学习过程中，学生们很难理解学习任务，也很难在活动中找到答案，因此活动的真实意义也就不好说了。

例如：在二年级上册的"庆祝我们共同的节日"栏目中，老师给学生们展现了"热爱祖国，今天的幸福生活来之不易"的教学课题。引导学生观看了长征的一些照片，有"王二小放牛郎""刘胡兰的故事""董存瑞炸碉堡"等一些为新中国牺牲的英雄纪录片。然而，由于小学生的年龄很小，这些英雄的事迹与学生的生活又相去甚远，一些学生年龄小甚至不敢看那些太过于悲壮的画面。因此，学生不能与所观看的视频产生共情，很难理解烈士在视频中的伟大和今天这种幸福生活的来之不易的紧密联系，更不用说真正的热爱祖国了。在设计这一课程时，教师可以选择一些更接近今天学生生活的场景，学生能够看得见，感受得到的，如消防队员、交警叔叔、环卫工作者等。告诉学生这些人对我们生活所做的贡献，让学生们认识到，今天我们之所以能够生活的如此幸福是因为背后有许多人的无私奉献，在默默地付出。

三、活动的实施问题

（一）目标不明确，活动流于形式

课堂教学的科学设计和明确的教学目标是课堂上的指路明灯，这是学生实现三维目标的根本保证。经过观察一些老师的课堂，看到虽然有些课学生在课堂上情绪很高涨，但却不能理解知识的真正含义，上课的时间也很长，因此这种教学活动只是一种形式，停留在表面，不能让学生的内心触动，上升到情感意识高度，也就没有对学生形成真正的教育，学习目标无法实现。这是因为教师没有事先向学生明确学习的任务，没有说明要求，所以学生也就没有明确的学习目标。

例如，在一年级上册的教材《拉拉手，交朋友》这一节当中，可以进行如下的对话：

师：大家平时有好朋友吗？

生：有。

师：让我们来看一下，书中的小男孩和他的朋友们是怎么认识的？他们在一起都做了什么？

生：描述书中的图片内容，阅读孩子们在书中说的什么。

师：同学们，你们有好朋友吗？你是怎么认识对方的？你们喜欢一起做些什么？

生：我的好朋友是我幼儿园的同学，我们住在同一小区，喜欢一起玩。

生：我最好的朋友是我的弟弟，我喜欢和他玩。

......

（介于学生介绍的都是班级外的朋友）

师：你们在我们班有好朋友吗？你们想交个好朋友吗？

生：想。

师：我们一起做个小游戏，叫《网小鱼》。

（老师和学生们展示了在网到"小鱼"后，老师请学生们把自己的名字介绍给对方，问学生们是否想要交到一个朋友。）

然后，同学们一起玩这个游戏，互相握手，自我介绍，问一问另一个人是否想和自己交朋友。

师：现在我们班上每个人都有好朋友。那么现在让我们看看课本上的图片故事，有请一位同学来给我们描述一下图中发生的事情。

生：......

师：通过这个故事的描述，现在大家知道应该如何交到朋友了吗？

生：要懂得分享！

师：没错！同学们，当我们交朋友的时候我们应该有礼貌，并且知道如何与朋友分享我们的玩具、快乐和不快乐的事情。这才是真正的朋友。

本节课的目的是通过练习活动，培养学生对如何结交朋友的理解，告诉他们在日常交往中要有礼貌，并且善于沟通。然而，在为"网小鱼"做准备时，老师并没有向学生提供游戏目的和过程的详细信息，因此学生只能根据老师的行为模仿，这使得课堂学生的活动变得流于形式，学生不能很好地体验和体会游戏的真正目的和感受，无法达到预期目标。因此，作为"道德与法治"科目的教师，若想帮助学生有效地运用正确的学习方法，实现自己的学习目标，必须为学生的活动制定明确的任务目标，并提供活动的目的和规则，否则，活动只是一种形式，看似学生高兴，课堂氛围积极有趣，但很难实现预期的学习效果，课堂教学也就失去了实际意义。

（二）活动时间较短，活动效果不佳

一年级和二年级学生的年龄较小，缺乏自制能力。因此，在实际教学中，维持课堂秩序已成为教师的主要任务之一。活动的实施必然会给教师管理课堂的能力带来新的挑战。因此，为了确保学习顺利进行，避免不必要的浪费时间，教师往往会缩短学习时间，急于求成，结果活动效果大打折扣。

例如，在一年级《爱新书 爱书包》一节中：

师：老师这有个谜语，请大家猜猜看？

生：书。

师：真厉害！今天我们要学习如何保护我们的新课本和新背包。打开教程，给学生 3 分钟时间跟进教科书中的信息，问大家从中看出了什么。

师：同学们已经看到我们教科书里的孩子们是多么的爱惜自己的教科书。既然你们有了自己的课本，难道你们不应该爱护它们吗？

生：是。

师：开动你们的脑筋，想想有哪些爱护书本的方法呢？

生：包书皮。

生：不乱涂乱画。

生：不撕书，不折书。

生：……

师：同学们刚才讨论交流了许多保护书籍的方法，我也看到许多同学把自己的书都包上了书皮。非常棒！一些学生还说，我们读书的时候不能把书折起来，那该怎么办？

生：用书签。

师：同学们，我们伟大的作家鲁迅年轻时也很爱惜自己的书。让我们看看鲁迅是怎么做的。（看视频）

师：大家知道鲁迅先生有多么爱惜自己的书本吗？

生：在看书时应该先把桌子擦一下，同时，洗干净手。要做到"脏桌子不放书，脏手不翻书。"

师：我们应该向鲁迅学习，从小养成爱惜书本的好习惯，让自己的书本总是保持整洁。

师：刚刚大家表现的都很不错，都能够非常快的猜出老师给出的谜语。现在老师这还有一个谜语，下面就请大家再来猜一猜如何？

师：仔细看看我们书中的图片，看看图片里的书包里能装些什么？

生：书、作业本、文具。

师：可以放玩具吗？

生：不能。既然学校是个学习的地方，那么玩具就是那些与之无关却可以在家里使用的东西。

生：因为有的玩具很危险。

师：对。书包是我们装学习用品的，玩具以及一些非学习物品，不应该放在书包里。

师：既然大家都知道在书包里应该放些什么，那么大家知道如何保持书包的整洁吗？

生：大的在下，小的在上。

师：你们真棒！现在请大家拿出自己的书包，按照"大的在下，小的在上"的原则整理自己的书包。（大约用时 3～5 分钟）

（教师要经常巡视和指导学生的行为，同时也不应忘记称赞那些动作迅速、表现良好的学生）

师：现在我们是小学的学生了，将来我们还会用到很多书。我希望学生们能够培养出一个好的习惯来爱护书籍和整理书包。

这一课程教学的目的是培养学生养成整洁和做事有序的习惯，如整理书籍和书包，注意保护讲究卫生。本节课教育的目的是利用各种有效教学措施和活动,使学生能够自己整理学习物品,讲究卫生,保护好物品,提高他们认识和行为能力。由于许多学生已经包好书皮,所以教师安排一个书包整理的环节,这是一个重要的课堂环节,需要大约 3～5 分钟。由于时间比较短,学生们不清楚为什么老师突然安排整理书包,没有直接地看到整理和不整理学生的书包之间的差别,也感受不到自己有什么做不好的地方,甚至有些学生并没有学会如何整理自己的书包,这样在培养好习惯方面起到的作用微乎其微。另外,关于如何爱护书本方面的教育,有些学生已经把书包好了书皮,因此教师应使用其他合理的教育手段,有助于培养学生对书籍的爱护的教育,但只是有这种意识和课堂教育还是不够的,如果想让学生养成这种行为习惯,就必须通过不断地练习来补充。

（三）活动运用创新性不足

以二年级上册的《道德与法治》教材为例,教科书中有许多"活动栏"课程。课程内容不同,对学习方法也就有不同的要求。活动中,教师更多的教授是照本宣科,却缺乏创新。一方面,教师只会讲授课程活动栏的文字内容,却忽视课程内容的拓展和与学生实际生活的联系。例如,在"祖国的诞生日"标题下,老师给学生们展现的只是革命烈士为祖国而做出的巨大牺牲,但这些英雄事迹却远离学生的生活,因为没有切身感受,学生们无法充分感受和认识革命烈士的伟大和献身精神,也不会深刻地明白,今天的幸福生活有多么的来之不易。如果教师在教学过程中不扩大教科书的内容,不将其纳入学生的实际生活,直观地给学生以真实地感受,教学的目标就不能很好地实现。另一方面,学习活动的形式比较单一。例如,二年级上"道德与法治"手册按活动类型可分为展示、监测和调查以及实践活动。其实在实际的教学中,教师为了方便,节省备课的时间,减少精力,经常会直接通过视频和语言叙述进行教学,很少采用学生喜欢的其他手段进行展示。因此,教学方式一直在一种活动形式中处于困境,比较单一,很难实现突破,学生也会很快失去学习兴趣,学习效果较差,单纯的记忆知识,无法实现思想意识和道德水平的提高。因此,教师应遵循课程的活动类型特点,并在课程中使用不同的教学方法，贴近学生生活实际和经验，提高学生的学习兴趣，同时确保课堂教学的有效完成。

（四）活动主体出现偏离

实践性的学习最受学生喜爱，能够吸引学生爱上学习，效果好。活动中学生可以表现出不同的情感，通过行动产生直接的生活经验，从而改善他们的道德标准，提高道德认知和水平。然而，在实际教育和培训中，活动主体容易被忽视。一方面，教师很容易忽略道德教育在学生成长中的重要地位，学生的主体作用在实际的课堂教学中，常常不被重视，这主要是因为小学生缺乏自制能力，教师在日常课堂里为了教学进度会有意管理学生，学生自由表达主体意见的机会往往会受到限制，不能充分发挥。另一方面，教师往往成为课堂上的主角，一个人扮演几个角色，即教师直接"告诉"学生真相或答案，而不让学生"感受并获得真相"，研究问题去寻找答案。教师习惯于以这样的方式从事道德教育活动。这不仅限制了学生作为主体的权利，而且打乱了真正的教育方式，忽视了真正的道德教育观。这种学生的"失语症"和教师的"霸权"表现了课堂教学中"活动栏"的偏离主体教学的现象。这是一种不正常的情况，将严重影响小学学生良好行为习惯的养成和生活经验的获取。

第二节 《道德与法治》"活动栏"教学的问题成因

从课程的发展过程中可以看出，教学不是一种新的学习概念和教学方式，这在小学的"道德与法治""活动栏"中的已被证明，这是学者们所熟知的，并已得到大多数教师的认可。但是，根据对前文的分析和总结，在教授"活动栏"方面仍然存在着各种问题。只有通过研究问题的成因，我们才能找到正确的应对方法。

一、教师的教学理念需要改进

　　"道德和法治"在小学教育中的出现，不仅是名称的改变，而且是对教学材料和概念进行得更深入的改革。"道德与法治"在选择内容方面强调了时代的特殊性以及与学生生活的连接，更能满足学龄儿童的身心发展和健康成长的需要，特别是教材中的"活动栏"要求教师以课程标准为基础，要组织符合学生身心发展需要和教科书课程需要的活动，积极参与该方案的目的是促进学生的道德水平、法制意识和综合素养的协调发展。然而，不可否认的是，一些教师仍然局限于传统的教学概念之中，教学的注意力和方式方法还集中在以"教师中心"和以"知识中心"上，即使理念上认同，但在实际工作中还是落实不够具体，无法达到应有的效果。

　　（一）重认知，轻能力

　　现实中，一些教师认为知识的传播是教育的最终目的，从而忽视了学生情感体验和学习技能的提升，教育的根本任务是立德树人，以"传授一接受"原则为基础的学习模式被认为是普遍传授知识的方法。目前在小学"道德与法治"的实际教学中依然占主导地位。课堂学生的学习需要更多的是引导和探索。教学过程中，教师准备和学生准备都要充分。课前更多的准备活动，能使学生得到更好地锻炼，学生在活动中产生的情感可以得到升华，出现的问题经过探索可以解决。整个过程离不开老师的认真备课和用心设计，和学生教学相长，提高课堂效率。同时，从长远的角度来看，提高学生的道德思想意识和培养良好的道德行为，才是教学的根本目的，这不是一朝一夕的就完成的，教育需要静待花开。教师开展的教学活动没有直接的效果，比如活动教学符合新课程改革的理念，对学生的发展是有益的，也符合道德发展的规律，有助于培养学生的能力，但是在传统的教育意识形态重视成绩和轻视能力的情况下，为了满足学生和家长的期待，教师和家长仍愿意接受传统的非活动式的学习方法。

（二）忽视学生在学习中的主体地位

新课程理念主张学生在学习中具有主体地位，是学习的主人，教师需要转变为学生的引导者和指导者。在学习过程中，教师要充分发挥学生的主体作用，充分发掘小学生的主观能动性，引导学生通过积极地自主学习，善于思考，和同学合作、勇于探究，完成学习任务，满足自身的发展的需要。然而，在实际教学过程中，新课程理念往往成了教师的口号，在更多的教学过程中并没有得到真正的落实，依然坚持着以"教师为中心"。教师在教学中拥有绝对的权威，而学生则是被动的接受者，这些都与活动教学的要求相违背。因此，在"活动栏"的教学中，教师应遵循教学理念，及时转变角色，将自己看作是学生的引领者和合作伙伴，改变"教师中心论"和"唯成绩论"的传统固有思维模式，树立教育新观念，用科学的教育教学方法全面协调地助力学生综合素养的提升。

二、内容的有效选择与优化整合需要改进

（一）活动内容缺乏有效的选择

教学活动旨在促进学生在课堂上的有效学习与和谐发展。有效的教学内容可促进活动有效地开展，发挥着积极作用；内容不合理的活动将在某种程度上阻碍着学生的发展。课程内容的选择要根据学生成长的需要及其认知发展的主要规律进行，符合教学活动的主题，即活动内容必须与本节主题一致。也就是满足学生需求、符合课程要求的主题必须符合学生的知识水平以及学生身心发展需求的原则。例如，在上面所述的"祖国的生日"一节中，老师给学生们看了一个关于抗日英雄的短片，里面的有些战斗场景实在太悲惨了，许多学生害怕看，给学生心理造成了一定的影响。所以在真正的学习过程里，教师必须选择适合学生身心发展的资源，使用好教材的资源组织好课程。

（二）教学资源缺乏有效的整合

教学活动的课程资源非常丰富，主要由来源于两个方面：教材资源和学

生的生活。教材能够向老师提供最基础、最基本的资源,活动的主体内容与教学内容保持一致,这也是对教师教学的最基本要求。然而,部编版教材,作为国家统一的教材,有普适性但却不具备地区特色性和差异性。学生现实生活中更有很多的学习资源,可以满足当地学生的基本需要,也能满足不同学生个体的特殊需要,只是在使用过程中对资源的整合性较差。这就要求教师花费一定的精力发掘、选择和改进,以适应学生实际学习的需要。生活中的教学资源和教材的学习资源内容对学生的发展同样重要,同样对学生的学习起到很好地教育作用。然而,在教学过程中,有些教师往往只关注教科书上的内容,只教教材,忽略了学生实际生活中教育资源的开发和利用。因此,这就导致了教学内容与学生的生活脱节,学习效率低下。因此,教师在日常教学中要做好教材资源和生活资源的优化整合,丰富教材内容,满足学生成长的需要。

三、活动实施与管理需要改进

社会的发展和课程的改革为教师的教育教学能力提出了新的挑战。教师必须不断提高自己的专业能力,用来满足学生不断增长的学习需要,这就要求教师坚持积极学习的精神,具备设计、组织、管理和反思活动教学的能力。在实际教学过程中,由于种种因素,教师的管理能力有待提高。

(一)教师专职化程度不高,缺乏专业学科教学素养

很多学校,师资力量薄弱,很多道德和法治教师主要是兼职教师、退居二线的教师,他们的文化程度普遍不是很高。虽然这并不代表所有学校中"道德和法治"的现状,但是这反映出教师缺乏道德和法治方面的专业知识和经验,专业能力的不足。由于非全日制教师的时间和精力非常有限,一些教师大大减少了道德和法治学科的备课,教师没有更多的心思确定课程类型和选择教学方法,对教学活动的规划和发展缺少设计。在对教科书缺乏理解、方法选择不正确和设计不完善的情况下进行教学,必然会影响教学的最终理想

效果。

（二）缺乏对活动学习的了解，缺乏组织和管理活动学习的能力

活动教学要求教师明白学生的主体地位，妥善执行任务分配和指导活动，帮助学生直接或间接参加具体活动，帮助学生从利用已有经验到实践中学习知识，形成正确的态度、思想和价值观，让学生养成良好的行为习惯，学会基本技能。然而，在实际的活动学习中，真正的学习效果往往是不太理想的。一方面，一些"道德与法治"小学教师对实际学习的重要性缺乏深入地研究，影响到活动效果。比如教师强调在课堂准备和教学过程中组织学生活动，强调学生的知识和情感体验，忽视了心理疏导、情绪升华和行为训练，使活动的目的模糊不清，让活动成为了"形式主义"，降低了活动的学习效果。另一方面，教师缺乏组织和管理活动的能力。如何组织活动开展，如何维护好活动的秩序，如何控制活动时间，给教师的自身能力带来了新的挑战。实际教学中，一些教师缺乏一定的组织能力，不是他们本身不够专业，而是对学生的学习把控和课堂管理把控没有平衡好，导致上课时间不足和执行不力，降低了活动的效果。

（三）教师缺乏对教学方式的实质性创新

有效的教学方法是拉近师生之间关系的桥梁，教师对教学方法的选择建立在教学内容、教学指导原则的基础上，旨在实现学习目标，促进学生发展。在分析二年级上册"道德与法治"课程的基础上，根据活动类型，将活动栏内容分为三类：展示、观察和调查、实践活动。根据不同的任务选择不同的活动是实现学习任务的基本条件。但在教学过程中，仍然存在着陈旧、单一、缺乏创新能力的问题。一方面，一些教师仍然倾向于在课堂上传统的知识传授，把学生当作一个知识的容器，忽视学生的主体地位，导致师生关系僵硬，缺乏活力，课堂效率不高。另一方面，在积极开展活动的学习过程中，一些教师往往采取强硬的教学形式。教师在活动教学过程中忽视了学生认知能力发展的阶段性差异缺点，不注意因材施教。在课堂教学中引进多媒体技术，

通过录像视频激发学生的学习兴趣，能够提高学生的注意力，但只有一个视频的教学形式并不能满足每一个环节的需要，反而直接导致学习形式的单一化。当然，利用视频改变教师的传统教授方式，这在一定程度上有利于学生学习注意的提高，但视频呈现和教师的讲授之间没有发生实质性的变化，它只限于"知"的发展阶段，而没有实质性的实现活动教学的开展，没有学生的实际参与和切身体验，也无法更好促进学生的态度、能力、价值观的提升。因此，在教学的过程中，教师必须依据教学的内容和目标以及学生的需求，不断优化及创新教学方法，做实质上地改进，让学生真正的全身心融入到活动中，在实践中学会学习。

（四）教师忽视对活动的总结与反思

波斯纳曾经认为，教师的成长依赖于经验和思想的结合。经验是基础，思想是保障。要想形成良好的教学方法和良好的课堂表现并不是一朝一夕的事情，这就要求教师不断审视自己的行为、教学设计和学生的课堂表现，并不断调整教学行为和教师与学生之间的设计变化，以实现课堂教学的不断完善，教师发展，学生成长。在教学中，有些老师并不善于反思，忽视课堂上教师出现教学问题，缺乏学习反思的意识，在审查和分析教学设计、教学行为、学生学习成绩上很少，教师很难看到个人教学设计中的问题。所以，教师不会改变自己的设计方法以满足学生的需要，总是接受"不变的变化。"长此以往，教师的教学养成了思维定式和个人的习惯，很难再提高自己的学习改变能力，很难再愿意改善他们的课堂，久而久之学生会对学习失去兴趣，教学效果可想而知。

第三节 《道德与法治》"活动栏"教学的改进对策

基于现有问题在小学"道德与法治"教学中的归属，将在以下方面提出适当的改进措施，以确保"道德和法治"的一线教师能够得到启发和帮助。

一、树立活动教学理念

在实际教学中，传统的考试模式、教学设备的条件、教师的组织和管理等将影响到"道德和法治""活动栏"的实施。其中最重要的是活动教学的组织者，即教师。教师的理念、能力和成就这几个因素都是影响实际学习成效和进一步发展的重要性因素。为了切实提高"道德和法治"活动一栏的教学效率，教师必须转变教学观念，提高对活动教学的认识。

（一）坚持学生在活动中的主体地位

在传统的德育中，一般以教师作为一堂课的中心，教师负责知识传授，学生只负责间接接受知识和等待老师安排合作，这将逐渐使只知道真相、记住答案的学生成为所谓的"好孩子"，学生的主体地位无法体现出来，学生在学习中的主体作用得不到发挥，成为教学发展的绊脚石。教师应该是开发者和实施者，应该是学生的好帮手，而不是强硬的灌输者。为了改变这些落后的教学行为而采取的措施和实施的活动，必须充分了解现阶段学生的身心发展和认知发展规律，以学生的终身成长为出发点，选择合适的教学内容，组织各种学习交流。在课程设计的过程中，应根据学生的反馈情况及时对活动进行调整，以便使课程更有利于学生的长足发展。课后教师应注意引导学生情感升华为践行。教师应改进课程设计，以适应学生的认知和经验，满足学生不断增长的需求，更好地让学生学会学习。在现实生活中，教师应不断更新和完善自己的课程观念，并逐步将课程整合起来，使学生受益。教师要意识到从强调"教"转向强调"导"，让学生融进课堂，并向学生提供所需要的知识，给予他们足够的的尊重和信任，使学生能够在不断的试验和错误中成长和改正。

（二）提高对活动教学的认识

第一，教师在学习的过程中应该对学生给出更多的指导和管理。在练习结束时，老师应该帮助学生去总结，进一步升华他们在课堂上的内心、思想认识，及时纠正他们课堂上出现的问题。这就需要教师比平时投入更多的精力。另外，教师不可能在一堂课就完成引导学生的正确的心理意识和行为。与传统的"说服"式的学习相比，不会立刻呈现出明显的效果。一些教师认为，活动教学往往是一个事倍功半的过程，会立即见效，在实验几次看不到成效后，最后还是选择使用了传统的教育方式。学生道德发展涵盖知情意行的综合方面，传统的教育只能通过培养学生的"知识"来完成，而不是通过培养学生的"情意行"来完成。教育的目的是通过建立与教学内容相关的活动，鼓励学生学习，使学生能够积极参与，让他们获得情感经验，提高思想认识，养成好的习惯。可以看到，活动式教学在促进学生全面、和谐地发展"情意行"方面发挥了更好的作用。因此，在教学过程中，教师必须充分了解活动教学的效果和重要意义，更好地运用活动教学使学生全面发展，立德育人。

第二，受传统的教学理念影响，教师往往更注重学习成绩，注重学生知识的正确和错误。教学时只看到学生在成绩方面取得的进步，而忽视了学生道德发展是一个漫长而缓慢的过程。因此，活动教学要求教师注重学习的过程，使学生通过亲身体验来掌握知识，通过个人活动来生发情感，获得经验，提高能力，调节自己的行为。因此，教师要改变注重成绩、忽视能力发展的观念，侧重活动教学，保持与教学内容相一致，重视对学生的评估过程，使学生能够感受到活动学习带来的乐趣，通过活动获得感知，在实践中学会学习，受到启发教育，不断调整自己良好的行为，逐步在活动中树立正确的生活方式和价值观。

二、明确活动主题，整合生活化的活动内容

以学生生活内容为基础的活动式教学设计与发展是小学道德与法治教学的一个基本的教学要求，即把活动内容作为学习内容，活动即学习，学习即活动，把学习的目的作为活动的目的。教师要提前把握好学习的主要内容，同时还要确保活动接近学生的真实生活，使学生能够理解生活中为什么会发

生这样的行为，自觉做出正确的行为。

（一）明确活动主题

小学每一节"道德与法治"课都有自己的主题，如：友好、爱集体、发扬合作精神等。根据课程标准为基础组织教学活动是活动学习的基本要求，这是实现学习目标的基本要求。然而，在实际教学中，"道德与法治"的"活动栏"的教学经常会被忽视或偏离学生的学习主题。这就要求教师在准备课程时认真研究和分析教科书，充分利用教科书和其他教学工具，还可以与其他教师在小组内进行集体讨论，利用集体智慧确定每一个活动学习的主题，并按照主题组织教学，主题明确将成为教学设计的重要部分，只有这样才能明确教学目标和活动目的，做到有的放矢，促进教学效率和教学质量的提高。

例如在二年级上册《我们班级的装饰》一课中，教师可以根据课程标准分析教科书及开展一些教学与研究活动来确定本节课的主题，引导学生通过自我观察、小组设计、分工合作和课堂讨论，万成教学任务，能够学会自己装扮自己的教室，提高综合能力。本主题活动能够增强学生的集体意识和责任感，形成一种团结协作的意识，培养整理和布置物品的技能，通过装扮教室共同进步。在这方面，可以概括为"集体、责任与合作"。上课前教师要根据"集体、责任与合作"的主题选择来组织教学活动，教师可以通过"别的班级教室有什么值得学习的地方"来帮助学生去观察、探究，形成自己的意识，树立主人翁的责任感；通过组织学生"我们一起设计"，培养学生的集体主义思想和责任感，通过主题活动学生参与其中，自主、合作、探究，这样一来能够使"集体、责任与合作"的思想贯穿于活动中的各个阶段，让活动更加有意义，达到了育人的目的。

（二）优化整合生活化的活动内容

知识来源于生活，是社会中的人们的经验总结凝练，是智慧的结晶。正如陶行知先生所说："不以生活做中心的教育是死教育，不以生活做中心的学校是死学校，不以生活做中心的书本都是死书本"。因此，生活即教育，教育即生活，脱离生活单纯进行的知识教育并不是真正的教育，也不能产生的实际的教育效果。因此，在实际学习过程中，教师必须充分了解学生身心发育、生活环境和生活经历的阶段和特点，根据学生的实际生活情况选择教学实例，并制定贴近学生生活和生活密切相关的行动方案，增强理论知识与学生实际生活之间的联系，从而降低教育知识的复杂性，引导学生用已有的生活经验或知识来学习未知的知识，保证学生的学习效果。另外，利用学生的生活作为一项教学内容，消除单一学校生活的弊端，在课堂上学会课堂之外的知识，更多地了解社会，学生能够在现实生活中培养社会意识和社会责任感，做一个遵纪守法的好公民。

例如在第一节课"欢欢喜喜庆国庆"的"祖国的诞生日"这堂课上，学习的目标是培养学生"热爱祖国"的情感，告诉他们今天的幸福生活来之不易，我们必须学会珍惜。教师将这个学习目标分成两部分：一部分是了解我们国家来之不易的瞩目成就；另一个珍惜中华人民共和国成立后的幸福生活。首先，为了完成第一个目标，教师可安排学生提前收集有关中华人民共和国成立前的一些伟大的英雄事迹。比如"万里长征""王二小放牛郎""刘胡兰的故事""董存瑞炸碉堡"等。

在课堂上请学生来叙述自己搜集到的故事，教师还可以播放与这些故事内容相关的视频，通过学习昔日无数革命烈士为国家和人民流血牺牲、无私奉献的英雄事迹，激发学生学习英雄精神，培养爱国情感，珍惜今天来之不易的幸福生活。其次，还要使学生明白，中华人民共和国成立后，仍然有一群爱国志士在为我们今天的幸福生活做着努力和贡献，甚至为国捐躯。教学视频学生在阅读教材时让学生感受无数英雄先烈为建设祖国而做出了英勇牺，我们要学习这种爱国精神，努力学习掌握本领，立志报效祖国。同时，充分发展第二课堂，鼓励学生调查交警叔叔和城市卫生工作者的日常生活。在观察的过程中，让学生了解到为了保障人民的生活环境卫生清洁和道路交通秩序安全有序，他们的工作非常辛苦，自然而然对警察叔叔和环卫工作者表示敬意和钦佩。为了保证活动的真实育人效果，学校与相关部门进行协调，在确保人身安全的前提下，让学生到现场切身体验交警和环卫工人的工作，通过体验感受到他们工作的辛劳和不易。活动结束返回教室后，教师可以让学生交流他们的观察和感受，发自内心地理解警察和环卫工作人员日常为这座城市做出的努力和牺牲。教育学生，为了给我们创造一个安全的交通环境和干净卫生的生活环境，总有一些人在背后付出了多少不为人知的辛苦。依次进行延伸鼓励学生们思考社会上其他行业工作的艰辛，呼吁学生更加热爱自己的祖国，尊重英雄，尊重为国家和社会默默做出贡献的每一位劳动者，激励学生努力学习，提高自己的本领，力争在在未来祖国的建设中，做出自己应有的贡献。

三、增强教师活动实施与管理能力，优化活动教学

（一）合理分配活动时间

一个好的课堂标准一定是一个秩序稳定、活动有条理的高效课堂，能保证学生良好的学习效果，促进学生知情意行的发展。为了保持良好的课堂秩序和保证学生的高效学习，有些教师更多的是通过直接讲授知识、学生接受知识、被动地理解知识，没有通过情景体验活动来获得感受，形成自觉意识。这对学生来说是一个缺失的情感体会。活动教学中学生可以通过参与课堂活动表达自己的感受，并对活动中的行为做出支配和反思。这就是为什么在实际的教育教学中，教师必须关注学生的实际需求，为学生安排至少三分之一的活动时间，并提供活动的帮助和指导，让学生在课堂上学会学习和实现良好行为的塑造。

例如在一年级上的《爱新书爱书包》这节课上，它的教学目的是使学生能够学会自己动手包书皮、整理书包，用这些来活动来帮助学生养成良好的行为习惯。因一年级的学生受到年龄因素和认知能力的限制，仅凭理解知识，效果是并不明显的。因此，教师把这节课一共分为四个部分：

【活动一】播放课外阅读材料的图像，并帮助学生进行比较。（这一活动的时间大概在3～5分钟左右）

【活动二】然后看一个小视频——"鲁迅爱护书本"，学生们在其中能

学到"鲁迅爱护书本的好方法";同时,让学生们进行小组讨论,总结他们的书的护理思想,并将这些想法列入研究清单,每一组都派出自己的代表,分享给其他同学,如:包书皮、不乱涂乱画、摆放整齐等。(这一活动的时间大概在 10 分钟左右)

【活动三】老师给设计了主题为"书的封面"的课程。一年级学生因年龄限制因素,缺乏实践技能。因此,在这个环节老师应该持续巡视,指导和帮助学生学会基本技能,不断观察每一组学生,培养学生爱护书本的习惯及能力。当学生们完成这个活动后,教师可以提出"如何把教科书放在书包里"的问题,以帮助学生了解如何正确使用和爱护书包。

【活动四】帮助学生学会爱护书本和整理书包,培养爱护书籍、整理书包的良好习惯,激发学生的思维能力,让他们在生活的其他方面也能如此运用。因此,在设计活动教学内容时,教师应该不惜花时间进行重要的课堂活动设计和教学研究。提高他们执行学习任务和课堂管控的能力,有效分配和管理时间,保证活动的有效时间,确保教学顺利进行,达到预期的育人效果。

(二)提高活动形式的创新性

通过分析"道德与法治"教学参考和其他材料,"道德与法治"每一个年级的每一类课程都可采用适当的活动教学方法。事实上,通过与任课教师交流,我们发现教师基本上都认可并坚持活动教学的理念,只是多数采用使用视频播放,让学生观看一种简单轻松的操作方法,为了保证课堂的安静,很少让学生亲自体验,真实地参与活动,这在一定程度上限制了活动课程地开展,创新就更难以做到了。这就要求教师积极参与教学和研究课程,学校也加强监督、指导教师的活动教学公开课,鼓励教师不断丰富自身的知识水平,不断学习新的理念和方法,方式方法更多元化,充分发挥多种教学方法的综合作用。

例如"欢欢乐乐过中秋"这节课意在帮助学生了解我国传统节日中秋节的起源和风俗习惯,特别是对于家人团圆的美好感情。为了讲好这节课,教师可以利用观察、研究和实践相结合的方法,让学生充分了解中秋节。首先,以探究中秋节起源为例，教师可以指导学生利用调查的方法来完成这项工作，可利用网络、查阅图书告诉学生中秋节的起源，或者让学生咨询相关人士或家人，上课时可以把自己调查的信息与其他学生分享。同时，教师通过播放视频或讲故事，向学生全面介绍中秋节的起源。其次，关于中秋节的传统习俗，教师采取的教学形式是让学生在课外收集和分类、整理资料，并在课堂上与老师和同学进行交流，让学生们知道中秋节在全国和全世界有什么风俗。最后，按照我国民族习俗"吃月饼"，让学生们一起动手做月饼，引导他们发现月饼是圆的，然后让学生们想一想，为什么月饼都是圆的？最后，可以在月饼和"团圆"之间建立联系，以增加学生的情感体验。总之，通过不同的教学设计，丰富了教学内容，激发学生学习的兴趣，积极思考，促进更教学有效开展，实现教学目标。

（三）设置合理明确地活动目标，防止活动流于形式

实现教学目标是活动设计的基础和一节优秀课的必备条件。为了提高教学效率，我们必须首先制定明确、合理的活动目标，引导学生通过活动去研究和体验，以确保教学更有效。小学低年级课程的主要目标是培养学生养成良好的道德意识和行为习惯，提高学生的身份认同感，适应生活。高年级课程的目标是增强学生的公民意识和社会意识，提高他们与社会和谐相处的能力，最终让学生发展成为具有良好行为习惯的好公民。

第八章　道德叙事法在小学《道德与法治》课中的运用

第一节　道德叙事法的内涵及构成

在中西方传统的德育教学中，道德叙事方法一直起着非常重要的作用，传统的道德叙事法，旨在发展技能和强调道德模范在个人道德领域的作用，这是一种感化式的教育。现代教育难度更大，因为它在采用了传统的教育方法同时又提升了道德叙事法的固有标准。与传统的方法相比，现代叙事法的两种类型——故事和叙事，故事是以事件本身为目的，而叙事则是或多或少加入了叙事者的主观意向和叙事目的。

一、道德叙事法的内涵及构成

道德叙述的方法可以作为一种道德教育方法，具有重要的理论依据和实践检验。国内外许多教育研究人员分析和总结了道德叙述方法的含义和组成。根据我国教育和教学的实际情况，小学教师在参加"道德与法治"实践课时，可以从科学的角度来分析，根据学生发展水平的需要和主体地位，选择不同的叙述方式和应用方式。

（一）道德叙事法的内涵

目前，在学术界广泛接受的道德法规概念的定义是基于研究在美国品格教育中的"故事法"的研究而提出的一种道德叙事法，也就是故事法。根据这一定义，中国的丁锦宏给出了"道德叙事法"的定义，也就是说教师使用口头或书面的话语，运用道德叙事法（包括语言、电话、传说、幽灵、民谣、英雄等）来形成和发展教育工作者良好的理论特征。在这个概念中，叙事发起人首次被定义为"教育者"，而不仅仅是"教师"。这反映了在道德叙事运用中对主体理解的发展，即教师、家长甚至孩子都可以成为道德叙事的讲述者，这在一定程度上开阔了视野，拓宽了广度。同时，道德叙述的内容范围也能更加广泛。学习者可以学习不同的道德故事，甚至可以在描述小事时思考其中的道德问题，从而使他们的思想认识和方法技能得以发展和提高。这也是一个道德叙事法最深层的精神色彩。

（二）小学《道德与法治》课中道德叙事法的构成

2016年4月28日，教育部办公厅发布了"关于教育问题的通知"。为了贯彻第十八届中央委员会第四次全体会议的要求，从2016年起，在中小学中的《道德与法治》《思想品德》教材都统一更名为《道德与法治》。经过修订后的《道德与法治》教科书提高了小学学生的法治教育水平，并强调了教育的重要性，更加强调了在社会环境中，小学生的道德和法律观念的增强有助于培养和改善学生的道德品质。

在小学的《道德与法治》课堂上，道德叙事法可以从不同的角度分为不同类型：根据叙事的主体，可以分为教师叙事和学生叙事；根据叙事的内容可以分为自传叙述和无形叙述；根据叙述的不同载体，可以分为基于静态文字的道德叙述、基于静态图像的道德叙述、基于音频播放的道德叙述，以及基于动态片段（视频）节选的道德叙述；由于叙事的侧重点的角度不同，因此还可以分为对正面事件的道德叙述，反面事件的道德叙述，以及对冲突事件的道德叙述。在课堂教学过程中，教师可以从科学的角度选择不同的叙述方式，道德叙述方法要根据学生的实际需要，结合学生的状态进行选择。

第二节　《道德与法治》课中运用道德叙事法的实际意义

在课堂上使用道德叙述方法的目的是鼓励学生用讲述的方法思考道德理论问题，让学生在各种声音中进行道德判断和选择。学生可以根据自己的经验给出有效的判断。因此，学生可以很容易地获得选择传统道德立场的能力，以实现道德教育的目标。因此，使用道德语言是一种符合课程标准的方法，有助于提高教育和教学的效率。

一、符合小学《道德与法治》课程标准要求

"道德与法治"教科书在小学阶段的主要特点有这样几方面：第一，它以小学生日常的生活作为前提条件，从小学生的日常生活经验出发，支持学生对参与教育活动更加有积极性。第二，增强对于学生的社会价值观以及中华民族传统美德的教育，为培养社会主义现代化建设者和接班人打下了坚实的基础。第三，符合小学生身心发展规律，支持学生道德意识的自我发展，给予学生自主思考的时间和空间；帮助儿童提高对法治的认识，并在自主的环境中提高道德标准培训。第四，基于是对儿童学习环境的分析，同时充分反映了课程的目标，强调了学生喜欢探究的要求，制定和执行一个"适合儿童生长的世界"。还要吸引儿童并帮助儿童认识到学习和思维的融合，采取的特殊措施，连结知识和行动，促进儿童的学习精神和实践能力。

小学的低年级学生在身体和心理两方面都处于重要的发展和成长阶段，这是一个形成行为习惯的阶段。环境的变化以及从幼儿园到小学校园的角色转变是儿童发展的重要阶段。他们往往对周围的事物非常感兴趣，好奇、好问又活跃；他们从自己的角度来观察和判断眼前的情况，已经习惯于模仿成年人的行为，对自己有强烈的自我感觉；他们开始要求自己的日常行为，但他们的知识、经验和实践能力仍然是有限的。所以他们往往会违背自己的意愿做出些不好的事情。在小学初级阶段提供的"道德与法治"课程只是为了

向矛盾中的学生提供积极的建议，帮助他们逐步适应新的环境，逐渐意识到角色的变化。因此，在"道德与法治"教学中发挥道德叙事法的作用，完全符合"道德与法治"的课程标准。

二、提高《道德与法治》课程教学实效

"道德与法治"学科的宗旨是"了解青少年法律教育的总体目标和义务教育阶段的目标"，以基本的社会价值观为指导，提高青少年的司法意识。理解和掌握个人成长所需的法律知识，把法律作为标准，将道德作为一种愿望，让自己今后的行为可以更加规范化，在生活中感受并实践身边的法。

小学"道德与法治"旨在评价道德发展在生命和生活中的正确演变，寻找良好的道德教育，提高教育水平，立德树人。对于成年人来说，从狭隘的故事中可以感受到的真理总是比不清楚的"基本规则"更容易接受。小学生需要更活跃的沟通和坦率的引导，他们总是可以在故事中读到和听到更多的东西，内化于心，外化于行。此外，叙述的人也要进行有目的的引导，更有助于课程目标的逐步实现，教育的效果也将得到强调和凸显。

三、促进小学生良好道德品格的形成与发展

孩子接受知识通常来自生活的某些方面，他们对世界有自己的观察和判断，但另一方面世界却很容易影响和干扰到他们。因此，创造出利于儿童能够轻松成长的环境是非常重要的。儿童发展的必要条件是存在于儿童之外的有比较价值的事物或人，这些部分事物或人的存在给了孩子一个客观的基准，使他们能够比其他事物或人更公正、更真实地思考自己、了解世界和改变世界。道德叙事法能够满足儿童正常生长的要求。教师通过用道德叙述的方式，向儿童展示道德事件，鼓励儿童在课堂前后进行交流和思考，触动和震撼他们的心灵，让他们进一步思考自己的行为，趋于走向更好。可以看到，道德规范的方法在帮助学生道德认知和获得能力选择方面起着不可或缺的作用。儿童通过道德故事作出道德判断，并作出选择，能够更积极地认识自己、评

估自己、反思自己，从原来的自我中解脱出来，选择正确的人生发展方向。

儿童的思想是他们自己思想的特点。在儿童的心理世界中，个体的、连贯的和形象化的直接经验可能更容易被感受到。道德叙事法的规律与孩子的心理特点完全一致。因此，一些道德叙述法的特点，如具有故事性、情境性和思考性等，都能鼓励小学生学习有效的心理学知识，发展他们的行为能力，增强他们的心理感受，促进他们的道德规范的形成，以帮助儿童改善和形成良好的道德品质。小学低年级学生正在行为习惯的形成阶段，有效地利用道德规范和法治课程，选择科学的教学方式方法将有助于学生积极培养和保持良好的行为习惯，也将促进学生良好的道德品质的形成和发展。

第三节　《道德与法治》课中道德叙事法运用的效果和存在的问题

虽然"道德与法治"中的道德叙事法在课堂上的运用取得了一些成果，但也存在许多问题，如滥用、排斥、甚至是缺失等问题。具体可以从运用道德叙事法过程中的道德叙事主体、内容、价值这三个方面进行分析。

一、道德叙事主体的"偏离化"

道德叙事法的主体需要多种方式的变化，但在实际的教育训练中存在着偏离主体的现象。一方面，学生的心理状态很容易超越生理状态，在课堂实际学习中往往没有发挥他们的主体作用。究其原因，主要是小学生的思想自主性还没有实现，他们对问题的思考还需要教师的指导。在日常课堂上，教师低估了课堂上的学生情况，教师们习惯于做"发号施令"的工作。而学生总被这样的权威压着，无法表达他们心里的声音，只是作为一个孩子，听老师讲故事，他们中很多人逐渐变成了只知道背答案的"乖孩子"，回答完标准答案后，对老师的赞扬感到非常满意。另一方面，教师往往在课堂上扮演重要角色，而且一个人同时扮演几个角色，主要通过教师的"说"而不是学生的"感悟"来进行叙述。叙事的主体偏离了正常轨道，成为了单向地说教。这种片面的学习方法，它不仅限制了学生的主体地位和课堂主人的权力，压抑了学生想要表达的愿望，远离了教育活动的真实目的，也偏离了道德教育的真正目的。在这样的课堂上，不仅老师累，学生也累。一方面，这是一种学生严重的"失语"的状态，另一方面，也是教师过度的"霸权"状态，这是对道德叙事主体的歪曲，是一种不正常的现象，这会严重地阻碍学生对道德事件的主动思考，自觉意识难以形成，也会阻碍学生养成良好的道德品质习惯。

二、道德叙事内容的"标准化"

道德叙事法的生成过程应该是内容丰富、具体且存在着多成分冲突性对话的过程，但在现实的课堂教学中，这种方法却被排除在"标准"内容之外。这种"标准"主要出现在方法论和法治课程的理论文献中，这些课程的设计观点远离学生的生活，忽视学生的实际心理发展，不符合其真实的生活和心理发展水平，学生的感受只能是困惑，道德教育的实际效果是被否定的。它具体体现在：在应用道德叙事法之前，教师没有充分分析学习状况，没有做出真实的初步判断。对于学习过程中的学生来说，往往会给出比较固定和标准化的答案，如学习"孔融让梨"的故事，目的是教学生如何谦逊；再如"愚公移山"的故事，是对坚持不懈品质的赞扬，这些内容就像是完美的"陷阱"，精心布置，教师们一步一步的将小学生引入这些"陷阱"，如此一来便是达到了教学目的。部分没有落入"陷阱"的学生需要进一步的指导甚至教育，这将导致"虚假和广泛"的情况出现，学生被动地认可和获得道德知识，内心无法真切感受和认同。例如，当老师告诉学生关于见义勇为的故事时，他们总是问学生如何在这种情况下做出选择，并给予正向回答的学生以表扬。与之相反的学生，老师就会努力缓解这种局面，再一步步的引导并告诉这些学生正确的选择是什么。像这种在道德叙事法的过程里，从教师的理解和多年积累的学习经验中得出的"标准答案"实际上总是某种形式的完全权威，但这种权威不应在教室里出现，这对于低年级的小学生来说很不利于他们的发展的，有些学生甚至都没有来得及思考一下问题，还没有真正地体会到自己的真实情感和意识，就要被迫接受所谓的"标准答案"，这样的道德教育是狭隘的、专断的、缺乏乐趣的，也是这一课程的失败和悲哀。

三、道德叙事价值的"空壳化"

小学《道德与法治》课程的实施是学校进行道德教育的重要途径。《道德与法治》课程的学习在小学生的道德成长中起着举足轻重的作用，它的实际价值是显而易见的。但在教学实践中，道德叙事方法往往缺乏价值，它看起来像个空洞的壳子。小学道德教育的目的是培养儿童良好的道德品质和新时代的道德行为。道德与法治课程是引入基本方法论的重要途径，教师可以在课堂上运用道德叙述的方法，最大限度地激发学生的心理思维和心理意识。然而，一旦教师不在课堂上扮演道德叙事法指导者的角色，这种价值将会大大降低，甚至是完全丧失，这对小学生的道德培养来说损失非常巨大。每一段道德故事所蕴含的意义都远远超出它的表面所见，甚至有更多的隐藏意义，这就要求教师在选择道德故事的时候，更好地理解自己在其中的道德价值，并确保不同的道德主题在课程中的灵活运用。但是，在实际的准备过程中，教师选择的一些道德故事，它们被放到学生学习过程中的重要环节，备课时没有深刻地思考其中的道德内涵，学生如果不能深入学习和探究，就无法理解传统道德的意义，无法理解这些课程的主题，无法完成教学目标。更甚至是为了得到表扬而故意装模作样的"表演"道德行为，错过了独立思考的机会。长此以往，学生会分不清孰对孰错，偏离了个人的实际认知，被道德地说话、做事，将对自身道德品质的发展产生非常严重地破坏，

第四节　《道德与法治》课中有效运用道德叙事法的现实路径

与其他课程有所不同，《道德与法治》这门课的主要目标是教育学生如何成为优秀的社会公民，帮助学生运用所学的知识，培养良好的道德行为。《道德与法治》课程是在小学阶段学习的一门综合性较强的活动型课程。它以学生的日常生活为基础，以操作系统为基础，反映儿童生活中的基本生存和情感需要。因此，当我们在课堂上学习这门课时，我们一定要遵循既定的原则，掌握有用的技能，遵循科学的方法，并科学运用道德叙述的方法。

一、小学《道德与法治》课中运用道德叙事法的原则

教育规律是在汇集真实的教育经验后凝练成的，能引导学生学习走出课程的基本框架，这不仅关乎教师，更关乎学生。适当和灵活地掌握教学原则对于提高学习质量至关重要。在课堂上教授"道德与法治"这一主题需要遵守下列教学原则。

（一）教师引导与学生主动相结合的原则

日常教学中学生是活动的主体，教师应该充分调动学生学习的热情，激发学生学习的主动性和创造力。教师在学习中的教授是一个外部因素，而学生的学习则是一个内部因素，教师的主导作用和学生的主动性是不可分割的，这两个因素相互促进，相互融合。学生认知能力的发展是内部和外部因素综合作用的结果。其中，教师的引导作用在提高学生的热情、主动性和创造力方面起着非常重要的作用。当学生作为学习的主人时，他们的积极性和创造力也将促使老师的引导作用更容易发挥。若要达到教师的引导作用与学生的主动性相一致，教师必须为学生组织广泛的学习活动，鼓励学生积极参与。在小学的"道德与法治"课中，在使用道德叙事方法组织教学活动时，必须

始终注重小学生的学习需要,以小学生的成长需求作为选择道德故事的核心,以培养小学学生的良好道德品质为主要目标,在课堂学习中充分调动小学生的热情和主动性,让他们得到充分的表达机会。可以自主表达,可以与其他人交流和分享,在交流和对话中强化对美德的理解和感悟,并激发他们在生活中发现美,追求美,践行美,通过这样的方式实现道德教育的目的。

例如《道德与法治》一年级教科书第一节中,教学的目的是帮助学生们意识到"我的名字有着我的家庭对我的良好期望"和"我们必须依法使用我们的名字"。教师可以建议学生在课堂前询问自己的家人,了解自己姓名的来源。实际教学过程中,教师可用自己的姓名和来由作为例子,鼓励学生对老师的故事感兴趣,并鼓励学生自己讲故事时可以更加生动和富有感情。在叙述中,教师需要注意引导学生认真听,认真思考,明确姓名蕴含着家庭的希望。小结过程中,鼓励学生认真思考名字对于自己的意义,以便实现本节课的学习目标。

（二）理论联系实际的原则

理论与实践相结合的原则意味着教学中应当坚持理论和实践相结合,使学生能够从理论中获取抽象的知识,将所学到的知识代入现实生活中来检验和运用,并教给学生如何利用这些知识来解决生活中的现实问题。理论知识来自生活。小学的学生对生活中真实遇见的问题更好奇和更愿意思考。理论与实践相结合的原则运用在教学中,还应该处理好书本与现实之间的正确联系,以科学知识为主导,同时为学生创造各种机会,让他们在理论指导下参加各种实践活动知识。在课堂上使用的道德叙事法,必须有目的地选择道德故事和叙述前景,选择与小学生生活密切相关的道德故事,努力把小学生生活中的真实场景作为道德叙述的内容,鼓励学生积极思考现实生活中的具体问题,能够更好地将学到的知识转化为实践,使学生在未来能够更积极地面对现实生活,树立正确的价值观,可以帮助小学生培养和发展良好的道德品质。

例如《道德与法治》教材中,一年级课本第一单元的第一节课《我在成长》，教育的目的是使学生了解自己的成长过程和生命价值观，培养他们的法治观念，其目的是向学生明确中国血统的概念。教师在上课前可以邀请一位学生的父母联系，写一封来自怀孕母亲的信，也可以使用录像技术，通过视频播放。运用怀孕的母亲的故事，讲述生命的奇迹和对自己孩子美好的期望，让学生了解生命是如何诞生和来之不易的，发现他们的到来给家庭带来了巨大的幸福，感受来自家庭的爱，以此达到德育教育的目的。同时教师可以设置一个"户口本拟人说故事"的小环节，帮助学生明确了解人口登记的意义和中国人的概念，实现法治教育的目标。

（三）科学性与思想性相统一的原则

我们要坚持科学和思想统一的教学原则，保障教学的科学性，研究教学资源的教育意义，确保小学生的道德教育取得成效。在对小学生进行教学时，教师应不断完善自己的专业水平和思想素质。在遵守科学原则方面有几个特征：第一，教师必须意识到教材的客观性，客观和公正地对待任何一个道德故事，避免主观的假设；第二，教师要掌握信息的全面性，必须认识到信息的完整性和甄别道德故事的内容，可以作出有针对性的选择，但不应以单方面的道德评价结论为基础；第三，教师必须树立民主意识，充分尊重每个人在分享故事和进行道德评价时的言论权，避免"霸权"行为；第四，教师必须尊重个人差异。小学中的道德与法治课程是一门综合的活动性课程，在小学，大多数教师能够创造更丰富和更灵活的教育环境，并开展更有吸引力的教育实践活动，使学生们能够感受到道德的力量，并在这些课程中树立法治精神。因为在道德教育和法律教育的框架内，思想意识对培养良好行为习惯起着重要作用。教育目标是情感、态度和价值观，兼顾能力目标、知识目标，教师对学习过程的关注和学生的学习方法的关注应该重视起来，特别是更要关注学生在这个过程中产生的情感经验。因此，教师在课堂教学中应当发挥个人独特优势，帮助每位学生培养良好的道德品质，实现德育目标。

例如《道德与法治》一年级上的第二节《动手做一做：天气记录》中，为了达到"学生了解未来几天的天气；学生从某些自然现象中了解天气信息，并根据天气变化组织生活,以防受到伤害"的学习目标,教师可以对自然界中许多动物(如蚂蚁)的生活习惯进行一种拟人化描述,帮助学生了解"蚂蚁当道,大雨要到;蚂蚁搬家,大雨要下""蜘蛛结网晴,收网阴""蚯蚓路上爬,雨水乱如麻"等自然现象,这种道德叙事法的使用不仅符合学生的心智发展,增加了学习的趣味性,还充分体现了科学与思想统一的原则。

二、小学《道德与法治》课中运用道德叙事法的技巧

"道德与法治"系列中使用的道德叙事方法不仅要符合基本的教学规则,而且还要掌握有效的运用技巧。为了解决实验中的叙事主体"偏离化"、内容"标准化"和价值"空虚化"问题,可以采用下面几个技巧加以解决:

(一)促成多元化叙事主体

传统教育非常强调教师的地位和作用。教师是神圣的、充满权威的,学生必须无条件地听老师的话。这种师生关系体现在教师主导教学、学生直接接受的课堂上。随着现代教育的科学发展,教育改革和课程改革的推进,满足学生的成长需求已经成为教育教学的方向。学生不再需要被动地传授知识和接受教育,而是在教育和教学活动中充分发挥自己的主动性和创造力。鉴于道德上的"偏见",在学习过程中使用道德上的叙述法需要发展若干行为体。所谓的多样化课程是要打破教师过去的"一成不变"的现象,并给学生更多的思考时间,学生们在讲述和表达过程中得到的往往多于单调的"听老师说"。道德叙事主体的多样化要求教师在运用道德叙事方法时给予学生更多的讨论和话语权,使学生真正在课堂上掌握大部分道德叙述的过程。在小学课程中,道德和法治的每一个活动领域都是以学生为中心的,这就要求教师在学习的过程中应该充分发挥学生的主体作用,还给学生时间和空间,更公开和更灵活地呈现道德故事来实现道德教育的最终目标。当然,现代技术也可以用于课堂学习,可以使用的方法有很多,如用视频和音频播放故事,这一方法可以给小学生带来一种清新感,不仅能吸引他们的注意力,而且也

能激发他们学习的兴趣。

例如在《道德与法治》一书中学习《爱的时光》这一节的过程中，老师可以先创建一个新的"爱的故事"环节，当作一个参考，让学生讲述他们在家里感受到的关于爱的故事，在课堂轻松的环境中，每个学生都能有机会去表达自己的观点和看法，并且有充分回忆和感受的时间。然后老师可以请几个学生讲述他们自己的故事，让班级的同学聆听。提醒同学们一定要认真去听，学生们仔细地倾听后便找出故事中所体现的爱，通过这种持续的环节，每个学生都参加到课堂活动，并通过听故事"寻找爱"来增强学生的感受，对他们的家庭充满感激，实现对家人"爱的回报"的道德升华。

（二）挖掘生活化叙事内容

使用道德叙述法必须面向生活。一方面，在小学生的日常生活中也能找到一些故事，这些故事可以在日常生活中轻松使用。教师观察搜集发生在小学生身上的一些事情作为例子，在学习的过程中将这种例子与课程要求进行整合设计，通过适当的教学环节对学生进行引导，激发学生进行思考。教师还可以将教材内容与实际生活联系起来，运用一些生活中的故事，鼓励大家思考和辩论，合作探究，在交流思想中学会知识。比如在学习邻里关系的内容时，建议学生回忆生活中与邻里接触的历史，思考自己与邻居是如何相处的。另一方面，教师在选择道德事例时，必须根据教学的目的进行选择。只有这样，所讲的故事才能具有教育意义，能激发小学生的情感共鸣。教师在讲故事时，应当避免选择远离小学生生活的故事，因为远离生活的故事不仅会使小学生感到困惑，而且意义也不大。历史故事或世代传承的美德故事也非常有意义，许多人认为，诸如"孔融让梨"和"愚公移山"这样的故事已经无法与现在的生活相适应，因此便不鼓励小学生重复学习这些故事。但我们要清楚地认识到，道德就是对文化价值观的一种认知和践行，深深植根于传统文化中。如果教师能够灵活和熟练地利用历史经典，这些故事就能继续向学生提供宝贵的新知识，传承美德教育。

例如一年级下册第一章第二课《学会谦让》这节课，教科书以"孔融让梨"一词为基础进行描述，实现"谦让是中华民族的传统美德，学会谦让"的教育目的。教师可以在学习过程中首先收集和讲述一些在学校实际生活中关于不谦让的简短故事，在学校生活中发生的事件使学生们能够乐于讨论，明白其后果，借此鼓励学生养成谦卑的好习惯。其次让一些学生按"孔融让梨"中的角色进行扮演做游戏。扮演过程中引导学生如何找到"谦让"的做法，并感受到"谦让"带给人们的美好。活动结束让学生进行总结，最终回归到学校生活：当拥挤的人群上楼梯时，当他们在教室里打水时，当他们在食堂里吃饭时等，让学生们说说"应该如何做到谦让这一点"，将所学到的知识运用到生活中去，让道德行为成为现实，最终实现道德教育的目标。

（三）彰显深层次叙事价值

运用道德叙事教育的任务目标是希望学生有机会交流、思考和表达自己的思想，并真正发挥道德叙事的作用，让学生在过程中生发自己的道德意识，真正变成自己的道德行为。因此，小学的"道德与法治"教师必须给学生足够的时间和空间，使他们能够充分理解和分析道德故事，引导学生发现正确的想法和做法，并激励和指导全班学生仔细听，及时给出评价或表扬。在这一过程中，学生学会思考、辨别，并逐渐感受到在聆听和交流中道德价值的东西，这也是道德叙事法的价值所在。

例如一年级下册第一章第二课中的"学会谦让"中，教师们一般会这样进行设问："如果你是孔融，你愿意让梨吗？"这时教师需要注意，学生对这个问题的答复并不一定那么一致，应该假定学生可能会回答"不"。在这个时候，教师应避免简单而有说服力的评价，教条主义地实现教育目标，应该学会倾听学生"不让梨"的真实理由，理解学生讲述的缘由。例如有些孩子会说："有些孩子吃不了很大的梨，这样就造成了浪费，但我可以吃完，这样它就不会浪费。"而有些孩子的想法更加直言不讳："所有人都想吃大梨。我认为孔容也应该想吃大梨，但他没有诚实的说出来自己的想法，而我说出来了自己的想法，我很诚实。"在叙述这一经典故事的过程中，通过对话和交流，道德叙述的价值正在增加。教师应始终牢记，无论是课堂讲述还是课堂设问，整个课程的设计和内容都应面向学生，学生的真实想法不能被忽视，更不能随意否定。学生可能会有一些独特的想法更能够揭示道德叙述的价值，所以教师应确保学生在课堂上有机会和表达自己的意见并被尊重。在这个过程中，学生得到的不仅仅是单一的教育，更重要的是有机会进行积极的心理思考和自我评价。

第九章 绘本资源在小学《道德与法治》课堂教学中的应用

第一节 绘本资源在《道德与法治》课的教学设计

一、基于 ADDIS 模型的教学设计

教师在教学前应备好教学材料和方法。研究人员分析了道德与法治课程的标准，制定了培训活动，并对教学进行了评价。教学的设计模型是在 ADDIS 的模型基础上进行的。

ADDIS 模型的主要元素不是永恒不变的，应根据具体情况加以修改。在表 9-1 中，每个组成部分的步骤描述似乎有点像一个程序的顺序，从确定学习要求到目标，开发测试，开发和使用教材，因为它是为教学材料进行设计的。

表 9-1 ADDIE 模型构成成分与子成分

1.分析（analysis）
（1）首先明确任务，在教学中需要进行解决。
（2）进行研究分析，以确定学习任务，情绪和运动方法。
（3）确定学习者的能力，并确定哪些能力会影响课程的学习。
（4）分析有效的时间和在这段时间内可以达到的目标。
2.设计（design）
（1）规定具体的课程目标，使它成为一个可以实现的目标。

（2）确定每一阶段应该需要的时间。

（3）按照学习目标排列单元。

（4）改进教学单元，并确定每个单元的主要目标。

（5）确定每一节的课程和学习任务。

（6）制定评价学生的详细标准。

3.开发（development）

（1）确定学习活动的类型和教学材料的类型。

（2）编写教材或教学任务。

（3）对材料和活动尝试运用。

（4）修改、提炼生产材料与活动。

（5）发展教师训练或者附加材料。

4.实施（implementation）

（1）为老师或学生购买材料。

（2）如有需要，可以给予支持和帮助。

5.评价（evaluation）

（1）实施学生评价计划。

（2）实施教学评价计划。

（3）实施课程维护与修改计划。

　　基于 ADDIE 模型，研究者对教学进行了如下设计：首先是分析，包括对学生的分析、对课程标准的分析、对教学材料的分析等。其次是明确要达到的教学目标，实施教学活动。最后开发评价工具，对教学成效进行评估。学生的学习目标基于教材内容和教学目标来制定，教师可实施形式多样的教学活动辅助教学，如角色扮演和绘制思维导图等。教学活动要联系学生的现实生活，对学生进行多方面的评价，促使学生全面发展。

　　依据"道德与法治"课程的特点，研究人员为一至六年级学生制定了专门的课程计划，详细介绍了课程目标的制定情况，并根据课程标准开展教学活动，开发评估工具，为以后的探究提供了条件。

二、《道德与法治》的课程分析

（一）《道德与法治》的课程标准分析

道德与法治课是一门综合性很强的学科，是建立在儿童生活基础上的课程，其目标是使儿童养成良好道德品质、热爱生活、善于发现美的品质。本门课程具有三个基本特征，即生活性、开放性和活动性。2011 年，我国颁布的思想道德课程标准明确规定："学生的道德意识、知识积累和生活能力都是在小学低年级阶段开始形成的，而良好的道德品质则形成于小学高级阶段。思想品德课所要达到的目标是让学生接触社会、适应社会、参与社会活动，成长为具有良好道德品质的社会主义接班人。"

思想道德课的基本理念是让学生了解现实生活，将所学知识运用于生活中。思想道德课的主要目标是引导学生向积极的方面发展，让学生在知情意行方面得到良好的培养，养成自主学习、乐于钻研的学习习惯。

随着课程改革和学科的深入发展，"道德与法治"课程标准基于教材、教师、学生以及教学提出了新的教学观念。教材并非限制于书本，其具有开放性。教师可以通过生活中的案例联系教材上的内容，补充教学内容，提高教学的积极性、相关性、时效性。为了不断扩展教学资源，教师一定要学会转变自己的教学观念和教学方式。传统课堂教学中，教师是知识的传授者，而现在教师要转变角色，成为学生学习的引导者。在课堂教学中，教师要营造适宜的学习环境和条件，通过多种多样的教学活动激发学生的学习兴趣，促使学生提高主动学习的能力，与此同时促进他们的道德情感和道德意识的全面发展。学生是知识的学习者，要将学到的知识熟记于心，逐渐修炼自己独有的道德品质。

教师根据教学大纲的内容提出的思想道德标准，制定适当的教学目标、教学活动和评价。根据教学大纲的意识形态和道德标准进行教学，这是良好工作的基础。

（二）教学目标分析

设定学习目标非常关键。确定教育目标的依据是根据学生的年龄特点研究课程。根据新课程理念和课程目标，重点应该放在综合目标上，具体目标应该是"知识""能力""情感监控与价值"，尤其是情感监控和价值。

根据课程提供的内容，小学"道德与法治"的目标概括如下：

1.知识目标：了解学生在发展过程中所掌握的基本知识，掌握主要方法，了解共同的关系，学会如何相互作用和共同参与；了解自然的基本问题，了解当前环境中存在的问题，了解如何保护环境；了解基本的法律知识，了解我们日常生活中经常遇到的法律知识，了解我国人民的基本情况，了解世界的现状。

2.能力目标：要能够控制自己的情绪，学会控制自己的情感，学会思考环境，塑造环境，保护环境；要有一定的与他人沟通的技能，学会参与社会活动；要从信息中探索工作方式，学会如何利用信息；要学会适应现代社会的变化；能够创造正确的价值观、道德意识和道德行为；能够进行道德判断，选择并学会使用法律手段保护自己、他人、国家和社会的合法权益。

3.情感态度与价值观：以积极的眼光、自尊、自信和勇于奋斗为基础，创造一种属于自己的生活态度；感受人类和自然和谐共处的真谛，培养爱护自然资源的意识，培养团结他人的优良品质，尊重长者，培养对动物的热爱，有责任感；培养对生活的热爱，自强不息、合作探究、大胆实践、相信科学的个性品质；培养正确的法律意识，热爱集体、热爱生活、热爱祖国，弘扬祖国优良传统。

在上述"道德与法治"课程目标的基础上，根据课程标准的目标和单元的目标，每一个课程都是以实际教学为基础进行设计的。教师必须理解课程的目标，并在此基础上明确教学目标，这样才能突出每一节课的重要而复杂的方面；课程目标要简单、明确、可实现，并适合学生的具体情况，每门课程的目标都不是详尽无遗的，虽然每个学科的目标无法做到完全符合课程目标，但目标是自上而下进行的，设计是基于课程目标进行的，这是一个具体而有效的方针，不能偏离目标。

（三）分析教材与教学资源

新版本的教育课程的意识形态和道德标准建议："小学生需要从阅读中知道个人、家庭和学校生活，并从中学习基础道德规范。在阅读中开展心理素质、法律意识和社会发展的道德教育，培养他们对祖国的热爱，热爱祖国的城市，热爱劳动的人，热爱家庭的人，逐渐培养学生对祖国的感情，对社会的热爱，以及文明礼貌、勇于挑战的良好品德。这就要求学生掌握适当的阅读技能。而阅读的内容应该与现实生活密切相关。"根据课程标准和教学材料的思想道德规范、意识形态，课程可以分为世界、国家、社区（家乡）、家庭、个人六大生活领域。

可以使用丰富的绘本资源作为新的学习力量。绘本资源会增加教科书的内容，并为学生提供更明确的学科知识。绘本里是一个个故事，基本都是由图像和文字的合并到一起，具有非常强的趣味性。故事中主角的个性各不相同，但是在现实生活中，学生往往缺乏个性特征。因此，绘本中，主角的模范行为可以成为学生模仿的榜样。绘本的主题和图像与道德法治课教材是密切相关的，教师将绘本带到教室，并制定各种鼓励措施，允许学生在学习课本的同时多阅读绘本故事，避免了平时在课堂上枯燥乏味地学习状态。运用绘本同样实现对小学生的教育。

因此，根据课程标准的意识形态和道德规范，研究人员对教材进行了具体分析。教材的内容非常丰富，有一系列的故事和简单易懂的道理。研究人员利用绘本资源作为补充教学内容，并将其用于教授"道德与法治"这一课程，丰富了课堂的学习，不仅可以提高学生对阅读的兴趣，而且有助于培养学生的道德情感。

1~6年级的意识形态和道德课程有相似或相同的主题，但这些主题都带有梯度，从小到大，从浅到深。因此，从不同阶段的画册中选择的内容也不尽相同。随着学生的年龄的增长，随着课程的复杂性的增加，教材的内容将变得更加复杂和详细，教材中的文字内容也会越来越多，越来越抽象。只有几张图的绘本是说不清楚一个故事的。以"热爱祖国，热爱家乡"为例来描述。二年级的学生需要描述他们自己的家乡，与此材料对应的绘本内容可以是"花婆婆",这个故事讲得是一位老妇人的家乡生活,主题是花婆婆非常热爱自己的家乡,很符合本节课的主题。花婆婆在年轻时都发生了什么事?其中的内容通俗易懂,符合二年级学生的接受能力。五年级,学生的认知技能有了很大的提高,教科书中的科目变得更加深入和抽象,教学主题也由对家乡的热爱变为了对祖国的热爱。这时教师应该更谨慎地选择绘本。例如《祖国处处有欢乐》讲述了几个动物的谈话,这一切都反映了祖国处处都有幸福开心的事情发生,这些主题的内容体现了对祖国的热爱。整个课程的内容非常丰富,学生可以通过阅读材料发现语言的智慧。可以看到,随着学生的认知能力的提高,在选择资源时要谨慎,应注意主题的复杂性。绘本应适合学生的认知能力,复杂程度适中,易于学生理解,符合课程主题,与课程目标一致。

作为在教学中使用的一种教学材料,绘本中的资源和插图可与教科书的内容相结合。在实际学习过程中,使用绘本的资源,只要不脱离教材主题,就可以使学生的学习活动更加丰富多样,让教学内容变得更充实。因为纸质绘本较贵,学生不能每个人都拥有一份,可以使用电子绘本或其他形式的绘本。那么研究人员是如何使用绘本资源的?又是在什么环境下去使用的?

(四)信息化环境下绘本资源的使用

研究者所研究的学校是一个"信息抽样学校",具有良好的信息系统。在这个信息系统中,研究者不仅可以使用纸质绘本资源,而且还可以给学生提供更多种类和更多形式的绘本资源。

绘本中生动有趣的语言、丰富的内容、简单的故事,增加学生对主题的深刻理解和认识。因此,绘本完全可以作为教学的补充资源。丰富教学内容,提高学生学习的兴趣。除了纸质版本的绘本材料,还有各种形式的视频和音频电子版本,统称为绘本资源。然而,这些材料是如何在课堂上使用的?可以充分运用信息技术发挥作用。

信息技术、大数据时代快速发展的今天,导致了学校课程和教学方法的重大变化。在学校,出现了越来越先进的信息技术设备,如互动板、电脑、投影机等。这可以作为教师教学、学生学习的重要工具。

1.纸质绘本与信息技术的结合

由于资金或是其他因素,教师无法保证每个学生都能拿到一本纸质绘本。在学生阅读过程中,有些学生可能看不到纸质绘本上的内容,这时教师可以使用投影仪在电子板上显示绘本内容,也可以一边听音乐一边读绘本,这样就可以创建一个和谐的学习氛围。例如,三年级上册的第一部分主题是尊敬长辈,那么就可以选择纸质绘本《猜猜我有多爱你》,老师可以选择温和的音乐,一边播放音乐一边讲解绘本,这样可以吸引学生的内心,学生在美妙音乐中听故事,心情愉悦,更有助于学生独立发现绘本中故事的意义,自然而然形成正确的道德意识和情感。

2.电子绘本与交互式电子白板的结合使用

互动式电子绘本具有兼容性、互动性、功能性等特点,符合小学学生的思维逻辑、好奇心和爱活动的特点,它可以作为当前学习中一个最强大的工具,并与绘本资源做到最大程度的结合。

绘本资源可以提供给学生,使用互动板的播放功能进行观看学习。当观看一本电子版的绘本内容时,它的内容会有可能会让学生很快地遗忘,失去焦点,无法集中注意力。教师完全可以根据绘本内容的情节和设定需要,利用互动板的涂层和动画等功能,结合动态和静态,根据学生学习需要来进行调节,激发学生的想象力和观察能力;使用连接、拖放和显示等功能可以方便学生理解绘本,鼓励学生思考,提高学习效果。

总之,使用互动板提供绘本资源,学生的学习资源更加丰富多样,可以使纸质书的平面图像变得更加生动形象立体化,声情并茂、直观可视化,助于提高学生的思维品质,主动思考,形成正确的情感态度价值观。

3.绘本以视频或者音频的方式呈现

绘本不再是枯燥的、无聊的,呈现的方式方法可以更加生动。教师可以搜集类似的视频或音频,利用网络资源在教学中呈现;教师也可以自己开发教学智慧创造视频激发学生对学习产生浓厚的兴趣,积极参与学习。用多媒体技术可以对声音、形状、色彩根据教学需要进行处理,可以使抽象的绘本更加生动，将静态转变为动态，创造美好的学习氛围，使学生能够充分享受阅读绘本故事的魅力。多媒体具有声音和图像两方面并存的特性，这两种特性能够理想地结合视觉和听觉，创建场景，让学生感觉身临其境，动之以情，激发学生的情感和潜在的道德意识。

因此，教师以合理的方式在课程中使用信息技术，表现了信息所回应的直观性、丰富性、趣味性和多元性等方面，把学习内容从复杂的、简单的、枯燥无味的变为丰富多彩的，学生们将会学到更多有用的知识，有助于培养良好的道德行为，实现学习目标。

三、课堂教学活动设计

教育活动是教师的教与学生的学的双边活动。如何使学生积极参与学习，独立学会知识，改变传统固定的学习方法呢？根据"道德与法治"的教科书，研究人员将教学分为三个部分：学习体验、动机行为和日常发展，培养学生的行为习惯，培养学生的道德意识。体验有助于激发学生的情感，这就要求教师创造条件，帮助学生发展和形成他们的兴趣，用情感来鼓励他们的行为。行为动机是学生通过行动和其他以知识为基础发展行为习惯的一种方法。通常的习惯反应是继续同一主题，这有助于加强学生的"知情行为"和其他因素。研究人员根据相关的书籍、图片和教科书以及小学学生的年龄特点进行研究。研究得出了以下教育活动，如图 9-1 所示。

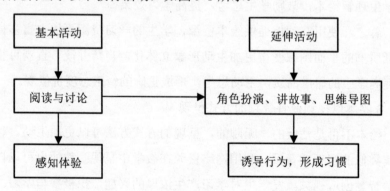

图 9-1 教学活动

（一）基本活动

在这个链接中有三个主要步骤：唤起学生对学习的兴趣，教他们阅读绘本，提问和讨论。

1.唤起学生对学习的兴趣

课程一开始是激发学生兴趣的关键时间。为了激发学生对学习的兴趣，必须引起他们的好奇心。教师通常可以使用访谈或图画书来激发学生的兴趣。

2.引导学生阅读绘本

绘本是一个相对特殊的资源。教师允许学生在课程中阅读和使用绘本。阅读不只是学生自己阅读，还有许多途径，如：教师阅读、学生倾听、允许学生精读、观看录像带或听视频录音等……

3.提出问题，相互讨论

在阅读一本绘本之前，研究人员可提出一些问题，让学生独立思考、善于观察和发表自己的见解。一旦学生了解了一本绘本，研究人员就可以提出有关的问题，并在小组中讨论这些问题，使学生们能够在沟通中获得知识，得到发展。

（二）延伸活动

1.角色扮演

在学习过程中，学生自己分析了绘本中主要角色的特点和心理活动，并从绘本中得出结论。在模拟过程中，可以用语言表达，可以利用肢体动作和与角色的相似性来解释和形成自己的心理知识。

2.讲故事

在这个练习中，学生可以讲别人的故事或自己的故事。讲这些故事的时候，学生可以进一步明确正确的思想和道德标准，并提高他们的语言表达技能。

3.思维导图

当学生绘制思维导图时，这种精神表达的使用不仅局限于学生的审美教育，而是将它扩大到更宽泛的层面，增加学生的自我意识，促进发展。教师让学生在课程结束时指导学生画一张思维导图，并用这种标准来评价学生的学习效果。通过这种方法来检验学生是否将这节课学到的内容转化成自己的知识，促进学生的创新思维发展。

第二节　绘本资源在《道德与法治》课教学的实施

一、二年级上册《道德与法治》教材分析

研究人员选取了 2016 年二年级上的《道德与法治》教科书进行研究。这本教科书仿照一年级的教科书，这本教科书的主要主题是依据小学低年级随班人员根据生活需要确定和设计的。教材有两条主线：一条是学生的生活，另一条是学生的发展。学生的生活不断向学校和社会发展，这反映在每个单元都是建立在自己、自然、家庭、学校和国家不断发展的基础上。这也与学生的实际生活有关。学习这门课程的主要目的是使学生能够脱离自己的思维方式，继续参与从家庭到学校的更广泛的社会活动，并最终参与公共事业的活动。学生可以主动通过这些方面的规则提高自己的水平，并严格遵守这些规则。

在二年级上册的教科书中有 4 个单元和 16 节课。结合一年级学习过的"共生与共存"的教育主题，考虑到二年级学生的"小自私"特点，该卷的教学材料结合了现代社会的需要，并提供了基础教育。"提供和共享"的主题扩大了学生的视野，使他们进入更广阔的世界，促进提高认识，并为高年级教育奠定基础。除了传统所有权意义上的公共财物以外，"共有"还包括所有人共享的生命时间、空间和事件，这是人类社会的显著特点。

二、研究对象的分析

研究人员在某一学校二年级的两个班级"道德与法治"课程中担

任教师，为期一学期。由于研究人员在学校学习了很长时间，因此有充足的时间来观察两个班学生的特点。在进行这项教学研究之前，研究人员询问了两个年级的班主任，并从两名教师那里知道了班级学生的特点：

（一）L 教师，二年级一班学生的班主任，担任语文教师

"我们班的学生通常很听话，不攀比，比较天真。大多数学生都喜欢上课，他们团结集体，热爱课堂。他们每天都很快乐，积极向上。但他们也有一些小问题。学生们有不良的卫生习惯，有时他们会把旧废纸倒在地上，看到这些垃圾的学生也不会主动将它捡起来；学校用品被随意破坏，甚至践踏草坪；当课程结束的时候，同学们一起玩耍，有些学生讲一些脏话，有些男孩躺在地上打滚；由于家中孩子多，家长不能一直照顾学生，学生不在家写作业的情况也经常出现。"（班主任 L 教师访谈记录）

（二）Y 教师，二年级二班学生的班主任，担任数学教师

"我们教室里的学生很可爱，他们喜欢和老师交流，他们在各方面都很活跃。大多数学生能够积极参加课堂学习和听课。然而，一些学生在课堂上过分活跃，喜欢与同桌说'悄悄话'，不喜欢做功课，不认真上课等；在打扫教室时，有些学生去玩游戏，不与其他学生一起打扫；也有男同学欺负女同学的情况发生；当一些学生出糗时，会有其他学生嘲笑他们，甚至给他们起外号；还有一些事件，比如在学校食堂插队或在学校的墙壁上乱涂乱画。"（班主任 Y 教师访谈记录）

根据对上述两名教师的访谈，这所学校二年级的学生在行为习惯方面有很多问题。由于家庭教育管理不善，他们没有对自己的行为生成正确的认识。当和别人交流时不尊重别人，不注意个人和公共卫生，不关心公共财物，不能养成良好的行为。研究者应该开发适当的方法来培养良好的道德价值观和学生行为。

三、信息化环境下绘本资源的选择与教学策略

（一）绘本资源的选择

如果能够明确学习的目标，就能够根据课程的要求和目的选择符合教学主题要求的资源。合适的绘本材料是有效学习的关键。教师认为，在选择绘本作为材料时，必须检查绘本的质量，完整的情节、故事的教育性，以及图画的生动性，这些都是绘本选择的重要标准。这项研究主要围绕以下方面进行：

1.绘本资源的质量

互联网上有很多形式的资源与绘本，但研究中应该选择品质比较高的资源与绘本。研究人员选择了相关网站上推荐的绘本作品。一些比较常用的绘本推荐的网站主要有：绘本中国、皮克布克绘本馆、蒲蒲兰绘本馆、宝宝地带等。

2.绘本资源的内容与课程主题的相近性

绘本的内容应符合"道德与法治"的教学目标，并与教学内容相一致。关于绘本资源的内容和绘本资源的主题应该是相对来说比较明确的和具有教育意义的。绘本资源必须与学生的实际生活联系起来，帮助学生进入现实生活能够寻找的一个好榜样。绘本内容的主题应该包含着解决问题的方法，让学生可以进行讨论，满足学生的不同认识和看法。

3.绘本资源的篇幅要适合教学

每个课程都是有时间限制的。教师必须在限定时间内完成教学项目，那么就必须选择适当类型的插图手册资源。选择一本篇幅太长的绘本资源会耽误到学生的学习时间和精力，很容易让学生感到厌烦；选择太短的绘本可能无法达到预期效果，让学生意犹未尽，因此篇幅要适当。

4.绘本资源的语言与图画要生动

以绘本资源形式表现出的有生命力并且有趣的资源会让学生非常感兴趣。学生们看到了那些有趣的图画便会被吸引，就会让他们更快、更好地去学习，激发学生探究的欲望。

根据上述要求，研究者们了解了课程中每节课的内容和要求后，然后在互联网上查找相关资料，找到适合主题的图片书，并进行相应的资源搜索，找到高质量的图片的资源，也可以是歌曲或诗歌，并与教师讨论来选定优秀绘本资源。

（二）信息化环境下使用绘本资源的教学策略

绘本通常是以"图片+文字"的形式出现，用有幽默感和生动有趣的语言讲述故事，因此在学生中很受欢迎。绘本中包括图片和文字，并以图片为基础讲述故事，这减少了学生理解阅读和学习的困难，使他们能够简单理解阅读的内容，并激发更多的主动想象的空间。在演示过程中，绘本使用了丰富的图像来解释故事发生的时间、地点、原因、经过和结果。图像可以突出故事的气氛，突出表现出主人公在故事中的个性特点。绘本不仅仅是简单的文本，常包含大量的信息，需要学生用心体会才能更准确的明白其中的道理。

平时使用的绘本资源基本上具有高度的流动性和一定的规模。绘本应在学校和其他教育机构中开展宣传和教育活动。下面是由研究人员通过研究活动开发的绘本资源的学习方法。

1.绘本故事可以构成一个独立的教学环节

在教学中绘本可以作为一个特殊的学习资源被呈现出来。在学校课程中可以使用绘本资源导入课程内容，也可以作为教学主题的结尾或者在中间部分出现。此外，还可以将绘本与其他学习方法结合起来，比如小组讨论，角色扮演等，这样更能够丰富绘本的内容。

如在第九课"这些是大家的"的教学中间使用绘本故事，用换位思考的方式。学生们正在读一本《书本医生》的书，可以让他们边读边想："如果你是主人公，你会感觉如何？"之后可以让学生们对自己看到的故事说说自己的感受，培养他们对公共财物的关心意识。教师还可以利用小组讨论的方法，让小组内的成员对角色的特征进行分析，对角色进行模仿，与同学交流经验。因此，通过换位思考的方式，学生可以通过自身感受换位思考，培养他们形成正确的思想道德认识，学会在社会生活中成长。

2.对教材的补充和拓展

在教学中，教师可以采用学习方法，即绘本阅读—链接生活—延伸拓展，提高学生学习的效果。例如，在第 16 节课，老师在授课时使用了绘本"小房子"。首先，老师用绘本形式来展示故事内容，鼓励学生思考学生在绘本中看到的小房子的状况以及它是如何改变的，同时让学生回忆自己的家乡有什么新变化，这样能够鼓励学生思考，发现自己家乡多年来的变化和发展状况，鼓励学生热爱自己的家乡。

3.作为课外延伸或者学生自学的材料

绘本中的资源也可以用作课外学习的材料来源。教师可根据教学内容和主题向学生提供相关材料，学生自己也可以寻找一些合适的资源来帮助自己和同学自主学习。比如，讲中秋节这一课，除了学生课堂上学习的课程外，老师也可以让学生自己寻找一些与中秋节有关的线索或一些相关的诗句等学习资源，引导学生能够独立地阅读和理解诗的意义，适当地解释这些诗所蕴含的意义，更多地了解中秋节的传统习俗，热爱中国的传统文化。

4.教学资源的选择多种多样

许多绘本教材都有电子版本，为了节约成本，教师可以使用不同类型的多媒体资源进行教学。绘本能够以纸质版本、电子版本、视频形式、音频格式来呈现，方便教师有多方位的选择。但有些课程并没有类似的绘本，在这种情况下，教师可以选择与课程相关的资源，如诗歌或叙事。例如有许多诗赞美家乡的诗歌，这也可以作为一种绘本资源，用来激发学生的兴趣，培养学生热爱家乡的情感。

四、教学活动

在使用"道德与法治"课程的绘本资源的过程中，教师必须创造适当的教学情境，使学生尽快地进入学习状态，然后根据绘本内容设置相关的问题，引发学生发散性思维和多角度的思维，培养学生的思维能力。所选择的绘本资料应该与教学内容密切相关，使课程主题突出，从较小的问题到更深入的问题，循序渐进，联系学生的实际生活，只有这样才能取得最好的学习效果。根据学生的实际情况，相关的学习活动有：

（一）巧设导入，激发学习动机

无论什么课程，导入是非常关键的。良好的导入环节能够有效激发学生的学习动力。教师使用歌曲、游戏、故事、谜语或练习等方式进行导入对激发学生学习的兴趣非常有用。

在"我爱我们的教室"的课堂上，老师首先以对话的形式自我介绍，把学生所在的班作为出发点，描述学生的学习和课堂生活，以及日常生活中一些有趣的事情。通过访谈的形式与学生对话，找到共同的话题与学生交谈，吸引学生，使课堂气氛不那么紧张，变得轻松活跃起来，激发了学生的积极性。在上"大家排好队"这节课时，一开始让学生们自己上台拿一本书，当学生在这个过程中出现秩序混乱时，及时教育学生，其目的是使学生能够在进行这个活动时养成排队的意识，激发学生学习的动机和欲望。

（二）绘本与信息技术相结合

由于资源不充足，教师可以用 PPT、视频或声音来表达真实场景。在研究中，绘本的内容将以不同的方式展示给学生。学生可以直接看绘本上的图片，读懂故事内容；绘本的电子版被用来帮助学生独立阅读书籍，或者教师口述绘本中的故事，感受故事中人物的心理变化；使用投影设备投影纸质的绘本内容时，可同时播放音乐，让学生仔细听故事的内容，或者用播放动画的形式播放绘本里的内容。学习时让学生的心中带着问题，这样学习起来他们会更加专注。

在教学过程中，研究者发现，在上述的教学方法中，最吸引学生的是看一本纸质版的绘本和听音频，然后就是播放动画形式的绘本来呈现内容。在"不要扔垃圾"的课上，学习纸质绘本《大熊抱抱》，创造了一个舒适的课堂气氛。教师有感情地进行描述：在偏僻的森林里，学生们置身在大自然中，被大熊的一举一动吸引……他们讨厌砍树的工人，这让学生们很容易就有了爱护树木的情感。在"我爱我们班"的课堂中，利用视频资源《小黑鱼》，吸引同学们的注意力，聪明的小黑鱼吸引了所有对绘本感兴趣的学生的注意，学习效果较好。

3.根据绘本内容设计问题

问题设计是整个教学过程中的重中之重，问题设计的好能够帮助学生理解绘本内容，通过回答问题深入地理解学习内容，目的是激发学生的思维，学会知识，形成正确的价值判断。问题的设计要根据课程的主题和绘本内容的主题，使学生能够自己总结得出结论，并组织学生团体的合作或独立研究，得出问题的答案；要依据课程的不同条件设计，主要根据学生规模和实际情况进行相应调整，增加或减少相关问题。

4.引导学生进行价值澄清

根据学生回答问题的情况，研究人员根据具体情况向学生提供及时引导，让学生通过自我判断，逐步形成正确的价值观。在这个过程中，学通过经验分享、相互讨论可以感到一种学习的幸福感。

5.拓展活动，深化主题

设计本环节的主要目的是在学生理解知识后，采取进一步的行动探究，唤醒学生心里的道德观念，使学生能够边实践边学习，将知识变成理念内化于心，变成实践行动。例如，玩角色扮演游戏，绘制思维导图，填写绘本阅读卡片等。

第三节　绘本资源在《道德与法治》课教学的效果

根据二年级的"道德与法治"课程中的绘本内容的学习效果、学生的道德意识以及道德行为的变化等，总结了相关结论。

1.绘本作为教学资源可行有效。学生是教育过程中的主体，丰富的教学资源为学生提供了思考问题和进行情感交流的诸多机会。研究人员在教学的过程中采用了不同的教学方法，并根据每门课程的主题设计多种学习方式。

如：讲故事，观看动画视频，互动和设计思维导图……通过对学生课程结束后的成绩考察得知，学生们的学习成绩逐渐在提高。在两个班级考试前后比较结果时，学生的学习成绩基本都有所提高，特别是两个班级之间的差距缩小了。实践证明，用绘本的形式来教授课程，对"道德与法治"课来说是可行的，这为许多教师教授"道德与法治"提供了一种新的教学方式。

　　2.绘本资源能够帮助学生增强自身的道德意识和道德情感。研究表明，绘本资源对培养学生的道德品质有积极的影响，以绘本资源作为儿童文学形式的书本具有非常高的教育意义。绘本可以帮助学生提高阅读积极性，培养儿童的认知能力、想象能力和创造能力。绘本中的故事和人物可以给学生树立榜样，例如"书本医生"，告诉了学生熬学会爱护公共书籍，进一步延申到学会爱护自己身边的公共物品。另外，那些绘本里的精彩故事和形象也值得学生学习，以便学生能够思考自身，向榜样学习，明确了学习的主题，提高了自己。这样，我们就可以通过对学生和老师的访问和学生调查得出结论，在《道德与法治》课堂中运用绘本资源，能够使学生对学习有充分的认识，使学生在自由的氛围中自觉形成道德意识。此外，一些学生正在将他们的道德意识转化为行动，通过改善自己的道德行为，还可以帮助其他学生养成正确的道德观念。虽然有些学生的道德行为不够规范，他们在行动中也无法正确表达自己的道德意识和道德情感,但他们却在意识地朝着正确的方向发展。

　　3.实践的教师对使用绘本资源给出了肯定意见。从对教师的采访记录中可以看到，教师看到了使用绘本资源在"道德与法治"中产生的积极影响，它不仅可以帮助教师改进教学的路径和方式，而且能提高教师本身的科研能力，提高德育效果，引导学生知情意行全面发展。

　　综合来看，在《道德与法治》课堂上使用绘本资源不仅给教师提供了新的教学思路，而且还可以让学生学习变得轻松容易，逐步培养学生形成正确的道德意识、情感、价值观，将其转化为现实行动，做德智体美劳全面发展的社会主义建设者和接班人。

参考文献

[1]李森，陈晓端．课程与教学论[M]．北京：北京师范大学出版社，2015．

[2]冯卫东，王亦晴．情景教学策略[M]．北京：北京师范大学出版社，2010．

[3]黄荣怀．信息技术与教育[M]．北京：北京师范大学，2002．

[4]谢树平．思想政治课程及其资源开发研究[M]．哈尔滨：黑龙江人民出版社，2011．

[5]鲁洁．道德与法治[M]．北京：人民教育出版社，2016．

[6]杨翠玉．品德课堂教学的"草根研究"[M]．浙江：浙江人民出版社，2013．

[7]谷力．小学品德高效教学[M]．江苏省：南京大学出版社，2013．

[8]田友谊．当代学生测评的理论与实践[M]．武汉：华中师范大学出版社，2012．

[9]吴维屏，张振芝．小学品德与生活（社会）课程与教学[M]．北京：中国人民大学出版社，2014．

[10]林崇德．21世纪学生发展核心素养研究[M]．北京：北京师范大学出版社，2016．

[11]鞠文灿，杜文艳．道德与法治教师用书[M]．南京：江苏凤凰教育出版社，2016．

[12]钟启泉．课程与教学论[M]．上海：华东师范大学出版社，2007．